上市公司并购重组的估值方法及案例研究：
基于环保企业的视角

吴伟军◎著

THE VALUATION METHODS AND
CASE STUDIES OF
M&A OF LISTED COMPANIES:

Based on the Perspective of Environmental Protection Enterprise

经济管理出版社
ECONOMY & MANAGEMENT PUBLISHING HOUSE

图书在版编目（CIP）数据

上市公司并购重组的估值方法及案例研究：基于环保企业的视角／吴伟军著．—北京：经济管理出版社，2019.12
ISBN 978-7-5096-1268-2

Ⅰ．①上… Ⅱ．①吴… Ⅲ．①环保产业—上市公司—企业兼并—市场价值—评估—研究 Ⅳ．①F271.4

中国版本图书馆 CIP 数据核字（2019）第 271261 号

组稿编辑：赵亚荣
责任编辑：赵亚荣
责任印制：黄章平
责任校对：董杉珊

出版发行：经济管理出版社
（北京市海淀区北蜂窝 8 号中雅大厦 A 座 11 层　100038）
网　　址：www.E-mp.com.cn
电　　话：（010）51915602
印　　刷：三河市延风印装有限公司
经　　销：新华书店
开　　本：720mm×1000mm /16
印　　张：12.25
字　　数：202 千字
版　　次：2019 年 12 月第 1 版　2019 年 12 月第 1 次印刷
书　　号：ISBN 978-7-5096-1268-2
定　　价：69.00 元

·版权所有　翻印必究·
凡购本社图书，如有印装错误，由本社读者服务部负责调换。
联系地址：北京阜外月坛北小街 2 号
电话：（010）68022974　邮编：100836

前 言

并购重组作为企业实现自身扩张与保值增值的重要途径,在世界各地的上市主体运营中发挥着不可估量的作用。同时,全球经济和国内产业结构调整步伐不断加快,并购作为社会资源配置的重要方式之一,在中国资本市场的作用不断增强,并购活动日趋活跃。随着并购市场的日益发达,并购估值和财务分析也越发重要,它是所有并购交易的灵魂。为此,并购双方首先需要对本公司和目标企业做全面的财务分析和评估,据此对目标企业提供一个合理的收购价位及变动幅度,防范公司自身低卖、贱卖。特别是在交易双方规模相当、业务相交或互补的横向并购中,评估的角度不同,所得交易价格相去甚远。所以,估值无论对交易方还是广大投资者都会产生广泛而深远的影响。

本书在市场经济背景下,主要对环保企业的并购估值进行研究,得出一些有效的结论。主要从以下七章进行分析研究:

第 1 章是本书的绪论部分,主要详细介绍了本书的研究背景和研究意义,同时对国内外研究成果进行总结分析,得出一些建议,最后再阐述本书的研究思路及研究问题,指出本书研究过程中存在的创新和不足。第 2 章介绍了环保企业并购重组的现状,主要对环保企业的分类、发展历程及发展趋势进行研究,具体分析环保企业在并购重组过程中存在的一些风险。第 3 章总结了并购活动中企业价值评估方法及评价,主要详细介绍了成本法、市场法、收益法及实物期权估值法四种方法,对四种方法的详细计算过程都进行了阐述,最后再综合评价各种方法的实用性。第 4 章是针对环保企业进行并购估值方法的分析,详细介绍了环保企业的一些基本特征和发展历程,重点对环保企业的并购估值方法进行可行性分析,对水处理行业在不同业务模式下的投资价值进行分析。第 5 章对环保企业并购估值方法提出了修正建议,分别对前文所涉及的四种估值方法提出了修正建议,以修复估值方法在使用过程中可能存在的漏洞,提高估值方法的准确性。第 6 章对并购估值进行案例分析，主要对南昌水业并购温州宏泽热电、洪城水业并购南昌燃气进行案例分析，包括并购案例背景、并购双方及流程介绍、并购估值方法的计算、并购前后财务指标的分析，全面介绍了整个案例的估值分析过程。第 7 章是本书的总结，主要包括本书所得出的研究结论、案例研究所存在的一些不足之处及对未来的研究展望，希望能给同类型的并购行为提供一些建议。

强强联合将激发巨大能量，若能将并购双方的资金优势、管理优势、专业优势、独特的资源优势等结合在一起，将有助于放大并购效应，对于整个产业的发展、企业的改革和公司价值的提升均有重大意义。因此，并购双方应在并购完成后整合双方的资源，实现资源的合理配置，提高资金、人力、管理等各种资源的使用效率，促进两个企业的共同发展。同时，本书对估值方法进行了一些独特的研究，这也给未来类似的并购行为在估值时方法的选取和模型的建立方面提供了积极的借鉴意义，具有重要的现实意义。

目 录

1 绪论 ·· 1
　1.1 研究背景 ··· 1
　1.2 研究意义 ··· 11
　　1.2.1 理论意义 ··· 11
　　1.2.2 实践意义 ··· 13
　1.3 文献综述 ··· 15
　　1.3.1 国外文献回顾 ··· 15
　　1.3.2 国内文献回顾 ··· 20
　　1.3.3 文献评述 ··· 26
　1.4 主要内容和逻辑思路 ·· 27
　　1.4.1 主要内容 ··· 27
　　1.4.2 逻辑思路 ··· 30
　1.5 创新和不足 ·· 30

2 环保企业并购重组的现状分析 ··· 32
　2.1 环保企业分类 ··· 32
　　2.1.1 水务企业 ··· 32
　　2.1.2 固体废物治理企业 ·· 33
　　2.1.3 大气治理企业 ··· 33
　　2.1.4 土壤修复企业 ··· 34
　　2.1.5 节能企业 ··· 34
　　2.1.6 环境监测企业 ··· 35
　　2.1.7 噪声与震动控制企业 ··· 35

2.2 环保企业并购回顾 ·· 36
2.3 环保企业并购的趋势 ·· 39
　　2.3.1 国内规模化公司进行海外并购 ···················· 39
　　2.3.2 大型国企扎堆进军环保行业 ························ 41
　　2.3.3 延伸产业链并购 ·· 42
　　2.3.4 传统企业进行跨界并购 ································ 43
　　2.3.5 固废危废将成热点领域 ································ 44
　　2.3.6 环保产业景气程度分化 ································ 44
2.4 环保企业并购存在的风险 ······································ 46
　　2.4.1 运营管理风险 ·· 46
　　2.4.2 财务风险 ·· 46
　　2.4.3 文化融合风险 ·· 48
　　2.4.4 人员安置风险 ·· 49
　　2.4.5 法律风险 ·· 49
2.5 本章小结 ·· 50

3 并购活动中企业价值评估方法及评价 ············· 51

3.1 成本法 ·· 51
　　3.1.1 成本法简介 ·· 51
　　3.1.2 成本法的适用范围 ·· 51
　　3.1.3 成本法的常用估值标准 ································ 52
　　3.1.4 成本法的优缺点分析 ···································· 53
3.2 市场法 ·· 54
　　3.2.1 市场法简介 ·· 54
　　3.2.2 市场法的应用条件 ·· 54
　　3.2.3 市场法常用的估值乘数 ································ 55
　　3.2.4 市场法的具体应用 ·· 56
　　3.2.5 市场法的优缺点分析 ···································· 59
3.3 收益法 ·· 60

  3.3.1 收益法简介 ·· 60
  3.3.2 收益法使用条件和范围 ·· 60
  3.3.3 收益法的具体方法 ·· 61
  3.3.4 收益法的优缺点 ·· 72
  3.3.5 收益法内各方法的比较 ·· 73
 3.4 实物期权估值法 ··· 76
  3.4.1 实物期权估值法简介 ·· 76
  3.4.2 实物期权定价法的适用条件 ··· 76
  3.4.3 实物期权定价法的具体方法 ··· 77
  3.4.4 实物期权定价法的具体方法的优缺点 ··························· 79
 3.5 本章小结 ·· 80

4 基于环保行业的并购估值方法分析 ·· 81

 4.1 环保行业特征分析 ··· 81
  4.1.1 环保行业概念 ··· 81
  4.1.2 环保行业发展历程 ·· 88
  4.1.3 环保行业产业链结构 ·· 93
  4.1.4 行业特点 ·· 98
 4.2 环保行业并购估值方法 ·· 100
  4.2.1 资产基础法 ·· 100
  4.2.2 现金流量折现法 ·· 100
  4.2.3 剩余收益法 ·· 101
 4.3 水处理行业不同业务模式下的投资价值分析 ························· 102
  4.3.1 水处理运营公司的投资价值分析 ································· 102
  4.3.2 水处理工程公司的投资价值分析 ································· 103
  4.3.3 水处理产品公司的投资价值分析 ································· 105
 4.4 本章小结 ·· 105

5 环保企业并购估值方法的修正建议 107
5.1 对成本法的修正建议 107
5.2 对市场法的修正建议 107
5.3 对收益法的修正建议 109
5.3.1 剩余收益估价模型的改进 109
5.3.2 威斯通模型的改进 112
5.4 对实物期权估值法的修正建议 115
5.4.1 BP 神经网络 115
5.4.2 遗传算法 116
5.4.3 遗传算法和 BP 神经网络模型的结合 116
5.4.4 模型的构建 117
5.5 本章小结 118

6 环保水务行业并购重组估值方案案例分析 120
6.1 南昌水业并购温州宏泽热电案例分析 120
6.1.1 并购案例背景介绍 120
6.1.2 南昌水业并购洪泽热电的过程浅析 127
6.1.3 南昌水业并购温州洪泽热电动因分析 131
6.1.4 南昌水业并购温州宏泽热电的估值方法选择与运用 134
6.1.5 结论与建议 141
6.2 洪城水业并购南昌燃气案例分析 142
6.2.1 案例背景介绍 142
6.2.2 交易各方基础情况 148
6.2.3 并购方案及流程分析 151
6.2.4 估值方法选择与运用 153
6.2.5 洪城水业并购前后财务分析 163
6.2.6 并购估值方法的分析及建议 169

7 结论与展望

7.1 研究结论 …… 172
7.2 研究不足 …… 173
7.3 研究展望 …… 174

参考文献 …… 175

绪 论

1.1 研究背景

改革开放以来中国经济取得了举世瞩目的成绩，但长期粗放的发展方式使生态环境遭受极大的破坏，环境问题日趋恶化，特别是以"三废"（废水、废气、固体废弃物）增加为代表的问题尤其突出。预计到"十三五"规划末期，我国的环境建设将面临更加复杂的局面，环境污染也逐渐呈现出复合型的特征，即环境问题往往伴随着复杂的社会问题而出现。粗放型工业原材料和能源消耗的急速扩大并随之而来的利用率低下，更加剧了环境的进一步恶化。当前我国正处于社会转型期，经济发展与环境保护的矛盾日渐突出。传统高耗能、高污染的发展道路已无法满足公众普遍期待的可持续发展模式。在这种背景下，环保产业的发展被认为从产业层面回应并实践了"可持续发展"与"生态文明建设"。而环保企业指的是一切服务于环境保护领域的，从事环保产业研发、生产与销售，环保工程施工，环保设施的运行与管理，以及环保领域的技术服务和其他中介服务的企业。环保产业是一个具有很大发展潜力的新兴产业，我国环保产业经过了多年发展，总体规模迅速扩大，产业领域也在不断发展，产品种类也日渐丰富。

进入 21 世纪以来，整个世界的环保企业继续不断发展，进入了发展的快车道。根据日本的经验，当经济从高速增长逐步转换到中高速增长后，环保产业则将迎来投资高峰时期。近年来，我国政府财政用于环境保护的支出逐

上市公司并购重组的估值方法及案例研究：基于环保企业的视角

年增长，从 2009 年支出 1934 亿元到 2014 年支出达到 3815 亿元，我国环境污染治理投资从 2009 年的 5258 亿元到 2014 年的 9575 亿元，财政支出和环境污染治理投资都增长了近 1 倍。随着我国经济的不断发展和产业结构的逐步调整，我国环保产业发展将具有极大的发展潜力，据环保部规划院测算，"十三五"期间全社会环保投资将达到 17 万亿元，环保产业届时将成为中国国民经济的重要支撑力量。

随着党的十八大把生态加入"五位一体"，环保产业开始受到关注。近年环保产业在我国已初具规模，并呈现持续上升势头，环保产业技术水平不断提升，环境服务发展较快。但 E20 环境执行合伙人、研究院执行院长薛涛在接受《经济参考报》记者采访时指出，环保行业集中度相对较低，上下游企业有五万家左右。他具体分析称，对于工业治污领域而言，一方面，门类庞杂、甲方分散、技术复杂，由此带来环保企业集中度低和"小""散"的问题；另一方面，工业排污管理升级尚不完善，未能实现超标排污零容忍，加剧了行业"小""散"特别是"乱"的状况。我国环保产业经历了从小到大、从弱到强的过程，虽然产业发展中仍有诸多伴生问题和隐患，比如资金匮乏、起步迟、技术落后、管理比较粗糙等，但总体来看成绩不容小觑，市场前景广阔、大有可为。尽管环保产业前景较好，但与欧美日等环保先进国相比较，我国环保产业的发展仍存在较大差距，面临的问题依然严峻，无法成为国民经济的支柱产业。

根据规划，"十三五"期间，环境保护部将全力推动约 900 项环保标准制修订工作。同时，将发布大约 800 项环保标准，包括质量标准和污染物排放（控制）标准约 100 项、环境监测类标准约 400 项、环境基础类标准和管理规范类标准约 300 项，支持环境管理重点工作。

水务行业在环保产业中居于重要地位，主要指从事城市水的生产、供应，以及污水处理和再利用的生产部门和企业的集合。中国的水务行业较国内其他环保行业起步较早，20 世纪 50~80 年代属于完全由政府扶持的福利性行业，从 90 年代逐步向社会资本开放并进行市场化改革。尤其 2010 年以来，国内水务市场在完成一轮"跑马圈地"之后，已经基本形成以北控、首创为代表的国有（控股）水务集团，以威立雅、苏伊士为代表的外资水务行业，以桑德、金州环境为代表的民营企业三类主体构成的多元化竞争格局。在此期间，国内水务行业不断更新运营管理模式、拓展投资渠道，甚至改变企业的所有制结构,以应对水务行业竞争和转型,企业的发展路径也逐步由政策指引型转换为通过资本并购、重组、专业化运营、产业链延伸等手段培育核心竞争力、提高市场占有率的新阶段。

水、土、气环境质量标准的制修订都有相应的计划。土壤方面,将以保护人体健康和生态环境为目标,以风险评估为手段,进一步完善有毒有害物质控制指标,系统构建土壤环境质量保护标准体系。贯彻落实《土壤污染防治行动计划》(以下简称"土十条")要求,2017年底前发布农用地、建设用地土壤环境质量标准。

继续推动水环境质量标准修订。结合我国流域环境特征及最新科研成果,修订地表水环境质量标准,提高各功能水体与相应水质要求的对应性,明确环境质量保护目标,加强环境风险防范。修订海水水质标准,发布近岸海域生态环境质量评价规范,科学反映水环境质量现状及变化趋势。

在环境空气质量及噪声控制方面,将跟踪评估2012年版《环境空气质量标准》实施情况,修订乘用车内空气质量评价指南。跟踪2008年版《声环境质量标准》实施情况;修订机场周围飞机噪声环境标准,确定合理的机场噪声评价指标和控制水平,强化对机场周围区域环境噪声管理与规划控制。修订城市区域环境振动标准,扩大标准适用区域,采用国际最新计权曲线,客观反映环境振动对人体健康的影响。

污染物排放标准对改善环境质量、防范环境风险有极为重要的意义,水、大气及固体废物标准制定修订工作都将贯彻落实相应的污染防治行动计划要求,围绕重点领域,优先制定相关污染物排放及控制标准。

随着"生态文明""新常态"等概念的提出,新《环境保护法》、《水污染防治行动计划》、《大气污染防治行动计划》(以下简称"大气十条")、《土壤污染防治行动计划》、《"十三五"生态环境保护规划》等环境管制标准和规划的出台,国家对企业生产活动中的能源消耗及污染排放提出了更高标准和更严要求。新形势下,环境质量管理涵盖了资源综合利用、污染治理及环保产业发展的全过程,刺激了生产企业对节能减排技术和环保设备革新的市场需求,从需求侧为环保产业发展提供了广阔市场。随着供给侧结构性改革的深入,资源配置逐渐优化,全要素生产率不断提升,有力地保障了环保产业的发展。这些都为环保产业的发展提供了新的机遇。

上市公司并购重组的估值方法及案例研究：基于环保企业的视角

如今，改变经济增长方式，调整产业发展结构，减少主要依靠资源消耗带动经济增长的经营模式，降低不必要的资源损耗及减少环境的负担，提倡节能环保，是促进经济可持续发展的需要及国家政策的导向。节能环保行业发展加快，大量资本涌入，因此行业外企业通过并购试图进入环保企业行列，以期分得一杯羹。而环保企业则希望通过并购这种外延式发展方式来扩宽自己公司的业务范围，获得更大的经营规模和服务范围，以提供更加综合性的服务来满足下游客户的需求。

环保企业由于各自技术的限制，很难从原有业务方面加快企业超额成长，因而通过发展其他业务，提供客户全面节能环保服务，扩大盈利空间成为环保企业发展的方向。而企业通过并购取得目标公司现成的各种经济资源，包括固定的或者非固定的各种资产，以及一些无形资产、人力资源、技术资源、财务资源、客户资源等来满足自身发展需要。企业将取得的这些资源根据自身的需求和发展战略加以充分利用，可以在较短的时间内实现企业预期的并购绩效。但如果企业仅仅依靠自身发展，通过正常途径的投资、建设、生产来获得经营绩效，不但耗费的财力巨大，其中的时间成本也是一笔巨大的机会成本。因此，通过并购来促进企业的发展是一条快速且成效高的道路。

业内普遍认为，环保企业并购重组源自政策刺激、市场主体增多和资金面宽松三大驱动力。首先，国家明确节能环保产业的战略性地位，政策刺激上市公司做大做强；其次，环保企业数量翻番，市场主体增多促使节能环保产业并购重组交易趋于活跃；最后，大量民间资本流向资本市场，资金面宽松为节能环保产业并购重组提供了适宜的金融条件。

众所周知，环境问题已成为全球性的话题，人类在追求经济利益的同时越来越多地考虑环境的因素。在民间组织的积极参与和政府部门的大力推动下，无数绿色宣言发表、多项环境法律法规出台，昭示着绿色发展已逐步以规范的形式出现并成为发展的主题。我国环保企业是响应关于清洁生产、绿色能源的可持续发展战略而组建发展起来的。

许多中小企业通过合并重组，在增加企业规模的同时购买核心绿色环保技术和设备，成功越过企业环保"瓶颈"，得到迅速、长足的发展，与此同时，通过兼并绿色环保企业进入绿色产业的事例也不少见。这种以获取或拓展绿色竞争优势为主要目的的并购叫绿色并购。绿色并购对推动企业绿色化进程和企业中长期良性发展具有十分重要的意义。绿色竞争优势是指企业控制或拥有的绿色技术、绿色管理手段、绿色设备等，预期会给企业带来经济利益的流入。

绿色并购的最终目的是在有效地减少对环境造成的不良影响、减少企业未来环境成本的发生、改善企业社会形象的前提下，优化资源配置，增强产品的竞争优势，实现环境目标与财务目标上的"双赢"，最终实现企业的可持续发展目标，使企业价值最大化。

得益于社会对环境保护日益增长的需要和环境资本市场的有力推动，近几年，环保行业并购整合热潮迭起。纵向整合上，企业通过延伸环保产业链，逐步成为具备环境咨询、装备制造、工程设计、资源回收等能力的综合性服务商；横向联合上，企业借并购的机会进一步实现产业规模化发展和精细分工，不断提升企业核心竞争力。

近年来，节能环保产业并购重组趋于活跃，产业巨头借助资本市场开疆拓土，不断并购其他企业，推动着整个产业加速整合。未来，并购重组将成为节能环保产业实现跨越式发展的重要方式。

在资本驱动下，海外并购热潮不断，并购规模持续扩大。"以资本换技术"是大部分民营环保企业开展海外并购的初衷。例如，天翔环境先后收购美国圣骑士及德国贝尔芬格水处理技术公司，通过海外并购引进污水、污泥处理方面的全套先进技术，从而提升企业竞争力。相比于民营企业通过海外并购获得技术，国有企业更倾向于采用海外并购、投资运营海外公司的方式以促进本土企业做大做强。例如，2016年3月，北控集团以14.38亿欧元完成对EEW公司100%股权的收购。通过国际化收购兼并，不仅迅速掌握先进技术，而且提升企业的市场竞争力。

2013年8月14日，先河环保公司与美国CES公司签署收购意向协议。根据该协议，先河环保公司使用环境监测设施市场化运营项目结余资金及超募资金合计623.3万美元，在美国特拉华州设立全资子公司Sailhero（US）Holding, Inc.，之后通过Sailhero（US）Holding, Inc.完成收购CES公司股权。

2013年11月，先河环保公司在美国设立了全资子公司Sailhero（US）Holding, Inc.；2014年2月正式签署了收购协议。并购CES公司对先河环保公司的发展产生了积极深远的影响。

2014年，首创集团再次大手笔收购了ECO公司，此公司为新加坡危险废弃物处理行业中位居首位的公司。

PPP模型的兴起也为并购热潮推波助澜。这里特别说明一下，PPP模式即Public-Private-Partnership的字母缩写，通常译为"公共私营合作制"，是指政府与私人组织之间，合作建设城市基础设施项目。或是为了提供某种公共物品和服务，以特许权协议为基础，彼此之间形成一种伙伴式的合作关系，并通过签署合同来明确双方的权利和义务，以确保合作的顺利完成，最终使合作各方达到比预期单独行动更为有利的结果。2015年是"新环保法"正式实施的第一年，在中国经济形势持续下行的背景下，2015年中国的环保产业收入同比增长8.6%，共签订了3000亿元的PPP框架协议，环保产业并购案例140起，交易金额逼近600亿元。据全国工商联环境商会统计，在"十三五"开局之年的2016年的前三个月里，环保产业的并购案例已超过30起，其中一半的交易金额都跨过亿元大关。由此可见，无论在国内还是国际范围，环保产业的并购整合将成为趋势。大多数环保类上市企业都通过并购来实现做大主业、扩张区域、延伸产业链的目的，进而成为综合性环境集团。还有很多企业比如万邦达、高能环境等多家环保上市公司为加快并购步伐，都分别设立了至少10亿元的产业并购基金。这意味着环保产业的并购投资将迎来新高。综观现有并购案例，大多专注于固废处理和污水处理市场，但是当这两个领域市场饱和后，会逐步转移到其他领域，其中资源回收利用、新能源、生态修复等市场将有很大的投资和发展空间。

梳理已披露的2017年年报和业绩预告[①]发现，报告期内业绩喜人的公司达到126家，占比超过七成；净利润同比增长翻番的公司高达46家，显示出环保行业整体发展良好，相关上市公司盈利持续增长明显。

从已发布的年报来看，三聚环保、碧水源、东方园林等龙头企业的净利润均破20亿元。其中，三聚环保实现净利润25.39亿元，同比增长57.02%；碧水源实现净利润25.09亿元，同比增加35.95%；东方园林净利润21.78亿元，同比增长68.13%。

不过值得注意的是，整个环保企业板块业绩分化加剧。易世达、菲达环保、津膜科技等亏损严重，净利润及同比利润增长双双亮红灯。据券商研究

---

① 《证券日报》2018年3月1日文《46家环保公司年报预计翻倍7.13亿元资金》。

报告显示，净利润 0~0.5 亿元的公司占比减小，大于 0.5 亿元及小于 0 的公司占比增大。

在 A 股环保企业板块上市公司中，2017 年年报披露总资产大于 50 亿元的 16 家企业其总利润与归属母公司的净利润增速分别为 25.3% 和 21.6%，而总资产小于 50 亿元的 18 家上市公司总利润与归母公司的净利润增速则分别仅为 8.2% 和 10.7%，大小企业之间的业绩表现差异巨大。

经过一段时期的累积，我国环保产业已经从起步阶段迈入成熟期，龙头企业吞并"小而美"标的进程有望加快，龙头与龙头竞争的同时也会出现更多强强联合的现象。最后势必导致整个环保产业链条的优化，集中度得以提升，有利于健康稳定可持续发展。

另外，我国环保企业并购主体及标的也都有所变化。首先是并购主体，从最初的大型企业演变为大企业和中小企业并存。并购标的也从最初的以资本运营类项目为主，演变为技术性公司所占比重不断加大。当然，随着"一带一路"倡议及国家"走出去"战略的纵深推进，一些海外国际环保大企业也成为国内大鳄的热门并购标的。

根据《证券日报》消息，2017 年前三季度 A 股环保类上市企业共发起 40 余起并购交易，涉及金额超 330 亿元，涵盖污水处理、垃圾焚烧、危废处理、大气治理等多个热门环保细分领域。而参与并购的企业既有环保行业"坐地户"，也有外来的"新兵"，主要包括为拓展业务延长产业链、借并购进入环保行业、海外并购等多种方式。有券商分析师表示，"十三五"期间，预计环保投资合计为 7.6 万亿元；2018 年环保行业依靠并购拓展业务的情况仍将持续，但并购规模将趋于稳定，将维持在 300 亿~400 亿元，并逐步转向对并购公司的业务经营整合为主。

江苏德展的主要资产为间接持有境外子公司 Urbaser. S. A. U 100% 股权，Urbaser 公司为欧洲领先的综合固废管理平台，业务遍布欧美等多个国家和地区。中国天楹欲借助 Urbaser，将业务触角延伸至全球 20 余个国家和地区，同时积极投身"一带一路"建设，提高在全球环保市场的份额点。

无论是北控水务收购的澳洲水务公司 Trility Group 在澳洲经营废水处理及水务厂，还是云南水务对 Galaxy NewSpring Pte. Ltd. 余下 50% 股权的收购，完善海外水务布局，中国环保企业的"海淘"项目除了偏爱水处理业务，还热衷于技术领域。技术领域方面，2016年初博世科拿下加拿大修复公司100%股权，旨在通过其环境修复技术布局国内的土壤修复市场；巴安水务受让DHT100%股权，旨在掌握海水淡化技术。

此外，2017年环保界最轰动的一次并购项目是苏伊士对GE水处理的收购。轰动原因其一为大手笔收购，耗资233亿元，上百亿的收购在环保领域不常见，2017年CSMAR数据库显示，中国环保企业未有超过百亿元的并购重组。因此此次收购备受关注。其二是苏伊士和GE水处理的名气。苏伊士本身是一家仅次于法国威立雅水务集团的全球第二大水务公司，是拥有120年历史的全球著名环境企业。同样，GE是全球最大的海水淡化、工业废水处理、中水回用、纯水处理、循环水处理、锅炉水处理及工艺生产过程处理供应商。两者在全球环保市场上具有较高的知名度，当然关注度也高。截至2017年5月末，节能环保领域上市公司已有65家，其中，仅2017年1~5月上市的节能环保领域公司就有9家。上市公司围绕自身业务主线开展并购重组，是节能环保领域并购重组热潮的重要主体。

2007~2017年，国内节能环保产业完成并购重组交易502起，广泛分布在节能环保产业各个子行业当中，其中以运营类行业为主，比如污水处理、固废处理等。从交易次数和金额来看，2007年之前是资源初步整合、产业龙头原始积累的阶段，并购重组交易频次及金额均呈弱势状态。这一时期的并购重组主要在行业内开展，节能环保企业通过整合区域性业务、资产，确立了主营业务范围。比如，启迪桑德收购国投原宜实业控股、威立雅收购海口水务等。2007年之后，市政污水处理行业开始蓬勃发展，带动节能环保产业整体向前发展。在这一阶段，并购重组的主要特征是横向并购以扩大业务规模。行业内起步较早的公司借助资本的力量突破区域限制，在全国范围内快速横向扩张。又如，北控水务及首创股份即在此阶段崛起。尽管2008年的全球金融危机波及国内节能环保产业，但是在国内政策的引导、支持下，自2010年起，节能环保产业并购次数及交易金额再度回升。2012~2016年，节能环保产业并购重组迈上新的台阶，五年间并购交易的次数和金额快速上升。2013年行业并购交易金额一举突破200亿元，是2012年并购交易金额的两倍多。在此阶段，全国性的环境污染问题开始受到广泛关注，资本大量进入节能环保领域。节能环保产业并购重组呈现显著的多元化趋势，如跨行业并购、海外并购、技术型收购等。

2018年以来，环保企业纷纷进入融资"瓶颈"，与此同时行业兼并重组空前活跃。伴随着行业"去杠杆"的持续进行，许多资金匮乏的公司都选择出售自己盈利不佳或是无力支持的项目，以获得更稳定的现金流；资本充裕的企业倾向拓宽自己的产业链或是寻求新的盈利机会，新一轮的并购潮或刚刚开始。

《环保行业发展前景与投资预测分析报告》最新统计数据显示，2018年1~7月，7个月内环保市场共发生并购50起，涉及金额334.27亿元，与近几年同期并购额相比，达到峰值。另外，相较于2017年全年385亿元的收并购规模，2018年以来的并购势头更加迅猛。从并购主体来看，以民营上市公司为主，国有企业跨界并购趋势有所放缓，并购主要方式是横向并购。

对于不断发展的资本市场而言，企业的并购重组活动已成为了不可或缺的重要组成部分。伴随着国内并购重组市场的进一步发展，上市公司、中介机构等各市场主体对于并购重组估值定价的工作需要有不断深化认识、经验积累的过程。而估值定价工作作为并购重组活动中的重要环节，不仅能够帮助确定拟收购目标的价值，同时还是一个发现价值的过程，使人们综合全面地去认识目标企业的战略管理意图，使企业能够全面地把握并购项目。对于并购而言，其核心是发现价值和创造价值。估值和定价工作是并购业务的核心要素，而并购业务的蓬勃发展又大大推动了估值和定价技术的进步，两者相互依存、互相促进。

经济全球化浪潮的一个突出特点是跨国并购迅猛增长，并成为许多国家利用外资的主要形式之一。透过每一起兼并和收购的案例，都可以看到商业权力和利益的较量和重新分配。但是由于我国经济结构中还存在不合理部分，在并购重组中还存在不合理部分，还存在很多问题。

并购作为企业的一项重大投资决策与行为，理应以增强企业竞争优势从而创造更多经济利润为中心。因此，以致力于研究竞争优势的形成与发展的波特竞争优势理论、基于企业能力理论发展起来的资源基础理论和企业核心理论为并购模式（纵向并购、横向并购、混合并购）的选择提供了理论基础。

（1）竞争优势理论与并购模式的选择。波特的竞争优势理论将以结构（Structure）—行为（Conduct）—绩效（Performance）为主要内容的产业组织理论引入企业战略管理领域中，为解释企业如何制定战略和获取持续竞争优势提供了较为可靠的经济分析依据。因此，企业战略分析的基本单元是行业、企业和产品，关键点是通过对五种竞争力量的分析，确定企业在产业中的合理位势，通过战略的实施对五种竞争力量产生影响，从而影响到产业结构，甚至可以改变某些竞争规则。该理论对并购模式选择的意义表现在：并购企业分析所处行业的特性和位势。如果并购公司现处的产业有吸引力，则选择进行横向并购扩大自身的规模，或纵向并购巩固自身的地位；如果并购企业现处的产业缺乏吸引力，则应通过混合并购实行战略转移与撤退。但是，运用波特的竞争优势理论选择并购模式有其内在缺陷，表现在：没有吸引力的产业并不代表没有盈利的机会。越来越多的事实表明，同一产业内企业间的利润差距并不比产业间利润差距小，再没有吸引力的产业也可以发现高利润的企业，再吸引力高的产业也有经营状况不佳的企业。该理论隐含着企业可以在任何有吸引力的产业取得成功。这显然是不正确的。

（2）资源基础理论与并购模式的选择。资源基础理论范式构造了"资源—战略—绩效"的基本框架。该理论认为，企业是一个由一系列各自具有其用途的资源所组成的集合。企业竞争力的差异是由战略的差异，或者更进一步说是由资源差异来解释的。因此，企业的竞争优势来自于企业内部具有特殊性质的资源。资源基础理论强调企业应制定和实施基于资源的竞争战略。该理论对并购模式选择的意义表现在两个方面：①通过并购，获取和补充企业必须具备的具有持续竞争优势的资源。当企业不具备或缺少在该行业的战略资源，而且也很难在要素市场上获取时，企业可以选择进行横向并购或纵向并购；如果通过横向并购或纵向并购获取的成本大于获取进入其他行业所需的战略资源时，企业可以选择进行混合并购。②根据企业自身战略资源所具有的特性选择并购模式。如果并购企业拥有可以重复使用而不会贬值的战略资源（如品牌、知识、声誉、管理模式等）及可以顺利转移到目标行业的资源（如资金、设备、原材料等），则可以通过横向并购扩大企业的规模，获得规模经济效应，扩大自身的竞争优势；如果并购企业所需要的战略资源表现为具有较强的专用性，即缺乏从一种用途转移到另一种用途的可转移性，则可以通过纵向并购来降低市场交易费用。但资源基础理论也存在如下不足之处：该学派目前有关资源的定义、范围和具体内容比较模糊，因此操作起来比较困难；在充分竞争的市场上资源可以通过市场交易获得，因而资源并不是生成企业竞争优势的充分条件；资源基础理论忽视了企业资源所存在的产业环境；资源基础理论忽视了运用资源的能力。实际上，企业的竞争优势不仅与公司所拥有的独特资源相关，而且与企业在特定的竞争环境中配置这些资源的能力相关，资源配置的能力影响资源运行的效率。

（3）企业核心能力理论与并购模式的选择。企业核心能力理论是在20世纪90年代正式提出的，以普拉哈拉德和哈默共同发表的《企业核心能力》一文为标志。该理论的基本观点和分析逻辑是：企业竞争力来自于企业的竞争优势和这种优势的持续性。竞争优势持续性本质上说的是竞争对手没有能力复制相应的竞争优势。企业竞争优势来源于企业资源和能力的直接支撑，而持续竞争优势来源于企业的核心能力。归根结底，核心能力的本质是企业独特的、专用性的知识和资源，但表现形式可以呈现出知识、专长、信息、资源、价值观等不同形态，存在于人、组织、环境、资产、设备等不同的载体之中。企业经营管理的目标、计划、组织、协调、控制等各类管理职能都应该围绕企业核心能力而展开，生产、营销、财务等各个领域都应该以企业核心能力为中心。

在选择并购模式时，企业核心理论认为：任何一个公司的资源都是有限的，只有将有限的资源用于公司最具决定性的"核心能力"的建设上，才能在其专业领域赢得竞争优势；只有当企业在现有行业中很难建立起可为企业带来持续竞争优势的核心能力时，企业才选择逐步退出现有行业，通过混合并购进入能够与企业现有核心能力产生协同效应的新行业；并购企业必须具备整合本企业能力要素和进入产业所需的关键资源与能力要素的能力。

此外还应注意到，企业核心能力的价值除了取决于其内部资源，也取决于它与市场力量的相互作用。在特定行业或特定时间里具有某种价值的稀缺性能力，在不同的行业或时间背景下也许就不具备同样的价值。

1.2 研究意义

1.2.1 理论意义

环保企业有正外部性、公益性、技术支撑性、重视无形资产等特殊性，

上市公司并购重组的估值方法及案例研究：基于环保企业的视角

需要在企业估值中调整模型以体现其特点。对于环保公司而言，只在某一领域深耕，空间有限，很难做大做强，通过同业并购实现主业壮大或区域扩张、拓展产业链打造综合环保服务商是环保类上市公司发展的一大特点。如翰蓝环境收购冠创中国，走出南海，实现跨区域的拓展；中原环保收购五龙口污水处理厂迅速扩大污水处理规模；东江环保收购如东大恒和珠海永兴盛，夯实危废处理主业等。从"大气十条""水十条"的落地实施到环保"十三五"规划及"土十条"的预期出台，环保行业预计将带来近20万亿元的"大蛋糕"，上市公司则相继开启"抢购标的"按钮，并购重组已成为环保行业发展的催化剂。

中短期内，环保行业虽不是投资人喜欢的行业，却是好的并购标的，未来20年甚至更长时间，环保行业将会是一个有持续资金投入、政策推动、充满正能量的行业。在国家放开环评市场、环保PPP等大背景下，基于对环保需求的提升及未来市场热点判断，环境咨询、环境修复、烟气治理、垃圾焚烧发电等细分领域将成为下一轮并购的热点。面对环保行业的新治理需求，这个新时代的标志不再是从无到有，而是从有到优、到多和到全。这种趋势下，越发多元化的治污需求将使行业的企业主体、发展模式、并购逻辑变得多元化。

公司的并购最早开始于19世纪末20世纪初，由于并购能够在短时间内迅速提高并购方的实力，一方面可以扩大企业的规模，进一步增强其竞争力，另一方面还可使企业获得更先进的技术和经营理念，因此通过并购来实现企业的扩张这一模式被迅速推广开来。企业并购是现代经济生活中企业自我发展的一个重要内容，是市场经济条件下企业资本经营的重要方面。通过并购，企业可以有效实现资源合理配置，扩大生产经营规模，实现协同效应，降低交易成本，并可以提高企业的价值。并购中对企业的估值不仅有利于选择目标企业，为并购决策提供依据，更是并购双方价格谈判的基础，是并购活动的核心，其准确与否直接关系到并购的成败。在西方发达国家一百多年的并购史中，西方企业掌握了比较成熟的价值评估理论和技术，而中国企业对这些技术理论的掌握和运用还处于初级阶段。虽然近年来也开始使用一些比较先进的技术理论，但其运用还很不广泛和准确，因此，加强对并购中估值的研究有利于对最近估值技术理论的掌握和运用。

本书分析了环保企业的特征,综合运用各种估值方法,并将并购估值与环保企业特点紧密结合,提出了针对环保企业的估值模型修正建议,如调整实物期权估值法以应用于评估环保企业无形资产等,为环保企业并购估值提供理论指导,有助于环保企业并购重组中合理估值,研究成果是对现有理论的有益补充,同时可以为企业并购决策提供合理参考,提高并购成功率。

1.2.2 实践意义

从历史上看,公司并购具有周期性,即每隔一些年会出现一次大规模的并购高峰。美国历史上共出现过五次并购高峰,人们常称之为五次并购浪潮。前四次并购浪潮的区间为 1897~1904 年、1916~1929 年、1965~1969 年和 1984~1989 年,第五次浪潮的区间大体上为 20 世纪 90 年代的 1991~2000 年。每次并购浪潮都对西方经济社会产生了重要影响。从最近一次的并购浪潮来看,并购的数量之多、金额之大,都是前所未见的,与此同时还表现出了新趋势,即强强联合式的战略并购成为并购的新趋势。

中国的并购活动起步较晚,规模不大,在全球并购中所占份额较小,但近年来,伴随着市场经济的迅速发展,并购活动的增长很快,无论是并购规模还是影响,都足以引起人们注意。从我国企业自身的发展来说,伴随着市场经济体系的完善,以及中国企业越来越多地参与国际竞争的趋势,并购,特别是国际并购,将成为中国企业做大做强、低成本扩张的重要战略。

近两年,随着环保产业的不断发展,环保企业特别是拥有雄厚实力的国有环保企业的并购将会越来越频繁,而这些并购对环保企业的发展有着十分重要的意义,也会对许多国企在"十三五"时期能够成功转型升级产生重要的影响。

并购是一项具有高风险的商业活动,包含兼并和收购,而收购则具有更多的不确定性和较大的风险。从收购前期的决策到中期的管理,再到后期的整合,每一个环节都需要认真地分析、抉择和实施,才能促成一次成功的收购。通过收购进入到陌生的领域后,如何能够充分利用自身优势,制定适合环保企业发展的战略方针,在新领域站稳脚跟,以及如何能够顶住日益激烈的竞争,做好环保企业的生产经营,在发展中做大做强,都将是需要我们深

上市公司并购重组的估值方法及案例研究：基于环保企业的视角

入探讨和研究的课题。

国家对环境保护高度重视。党的十八大以来，环保态势持续高压，环境与生态标准有望提高，环境服务价格、细分领域法律法规的制定与修订、金融财税市场化支持政策等顶层制度设计有望更加具体和完善，环境污染防治与生态保护修复继续加强。

同时，国家支持环保企业做大做强。2010 年 10 月，《国务院关于加快培养和发展战略性新兴产业的决定》明确将节能环保企业纳入国家战略性新兴产业，表明国家对发展节能环保企业的高度重视。2012 年，国务院发布的《"十二五"国家战略性新兴产业发展规划》更是将节能环保产业置于国家七大战略性新兴产业之首，使节能环保产业的地位进一步提升。《"十三五"节能环保产业发展规划》明确提出，到 2020 年，节能环保产业的一个发展目标是培育一批具有国际竞争力的大型节能环保企业集团。在此背景下，节能环保产业并购重组是大势所趋。总之，政策支持是节能环保产业并购重组的第一驱动力，为节能环保企业借助资本市场力量做大做强打下了基础。正如国家发改委环资司副巡视员冯良所说，近年来，随着生态文明建设的持续深入，环保执法力度不断加大，国内环保需求不断激活，市场规模持续扩大。十九大报告则明确提出，要像对待生命一样对待生态环境，统筹山水林田湖草系统治理，实行最严格的生态环境保护制度。一系列利好政策的关注度不断提升，环保产业步入高速发展黄金期，随着大量资本的涌入，行业迎来大资本时代。据统计，中国环保企业数量已超 10 万家，上市企业只有百余家，市场需求加速释放，以传统节能环保产业为主体的上市公司亟须打造新的利润增长点，加剧产业结构性重组。在专家和业内人士看来，无论从政策取向看，还是从行业自身发展看，环保业加快兼并重组仍是大势所趋，未来仍会有一轮并购重组潮。

目前，中国证监会大幅简化并购重组行政审批，鼓励基于产业整合的并购重组，严格重组上市要求，加强并购重组监管等，推出了一系列的举措优化环保产业资源配置，为环保产业并购重组与转型升级提供了强有力的支撑。在国家政策的支持下，我国环保产业即将甚至已经迎来并购整合"百家争鸣，百花齐放"的大时代。

而并购重组中，对目标企业进行价值评估是企业并购中的关键环节。估价是否合理直接影响到并购双方股东的利益，关系到并购的成败。此时，针对环保企业而改善的估值方法研究极具实践意义，估值方法更加符合环保企业特点，也更加规范，为环保企业并购重组解决实际难题提供可行性建议和措施。

1.3 文献综述

1.3.1 国外文献回顾

关于企业价值评估的研究在西方发达国家很早以前就已经开始进行了，目前已经形成了相对成熟的评估体系，在这方面远远领先于我国。

学者们普遍认为，费雪（Irving Fisher）的资本价值论是企业价值评估思想的起源。费雪在自己的专著《资本与收入的性质》中，完整地阐述了收入与资本及价值的源泉等问题，明确了资本的价值实质上就是未来收入的折现值，从而奠定了现代企业价值评估理论的基础。但是，费雪的资本价值评估思想在当时不具备将其真正运用到实践中的条件，费雪的理论也一直处于理论状态，所以当时企业价值评估理论的发展相对缓慢。

1958年，美国经济学家莫迪格利安尼（Modigliani）和米勒（Miller）教授在《资本结构、公司财务与资本》一文中提出：在不考虑公司所得税，且企业经营风险相同而只有资本结构不同时，公司的资本结构与公司的价值无关。这就是最初的MM理论。他们首次系统地将不确定性引入企业价值评估理论体系中，论述了企业价值与企业资本结构之间的关系，从而创立了现代企业价值评估理论。[①] 1963年，他们对MM理论的适用性进行了修正，提出了含税条件下的资本结构理论，为企业价值评估理论的应用奠定了坚实基础。

1973年，布莱克（Fischer Black）与斯科尔斯（Myron Scholes）提出了期

---

① F. Modigliani, Merton H. Miller. The Cost of Capital Corporation Finance and The Theory of Investment [J]. The American Economic Review, 1958, 48 (3): 261-297.

权定价模型,该模型认为,只有股价的当前值与未来的预测有关,变量过去的历史与演变方式与未来的预测不相关。①

20世纪80年代末,科普兰(Tom Copeland)与科勒(Tim Koller)出版了《价值评估》,该著作提出,企业产生的现金流量和基于现金流量产生的投资回报能力是企业价值的源泉,并提出企业的市场价值来自于企业未来的预期绩效。在该理论的基础上,折现现金流量模型(DCF)应运而生。②

Kogut等(1994)指出,在利率波动的情况下,跨国企业面临的进入投资、增资生产和转移投资以转换生产等问题都可以使用实物期权的方法进行决策。③

Farzin等(1998)运用期权理论研究了新技术采用时间问题,在他们的模型中,厂商面临着新技术出现的时间和新技术价值的双重不确定性。因此,如何按实际情况来分析其未来的发展趋势,把握其不确定性将是评估价值的关键。④

此外,金融市场的财富效应(Wealth Effect)是指在金融市场上,金融资产持有人的财富随着资产价格的上涨或下跌而同步增加或减少,进而对消费产生刺激或抑制的影响。金融市场的财富效应侧重于从宏观层面分析整个社会的财富是否与金融市场有关。并购的财富效应指市场对并购的反应导致股票价值的变化,从而引起股东财富的变化。并购的财富效应侧重于从微观层面研究并购对收购公司和目标公司股东财富的影响。至于哪些因素影响着财富效应,国外学者的研究主要集中在并购类型、行业、收购方式、并购成功性和并购相关性等方面。

Mulherin等(2000)研究了1990~1999年59个行业中1305家公司的收购和剥离活动,发现收购和剥离有显著的行业集中性,并且财富效应与重组

---

① Fischer Black, Myron Scholes. The Pricing of Options and Corporate Liabilities [J]. Journal of Political Economy, 1973, 81 (3): 637-654.

② 汤姆·科普兰等. 企业价值评估——公司价值的衡量与管理 [M]. 贾辉然等译. 北京: 中国大百科全书出版社, 1999.

③ Kogut B., Kulatilaka, Nailing. Operating Flexibility, Global Manufacturing, and the Option Value of A Multinational Network [J]. Managements Science, 1994, 40 (1): 123-139.

④ Farain Y. H., Huisman K. J. M. Kort P. M. Optimal Timing of Technology Adoption [J]. Journal of Economic Dynamics & Control, 1998, 122 (S): 779-799.

的相对规模直接相关。① Shelton 用目标公司股份的供求模型来分析和探讨收购公司和目标公司的收益问题,并对影响目标公司股份供求关系的因素进行了综合分析。他认为,目标公司股份的需求和供给是决定收购公司和目标公司收益的关键因素;而在影响供求的诸多因素中,战略相容性、兼并周期、机构投资者、相对规模、管制和收购方式会对收购公司和目标公司股东的收益产生明显的影响。②

21 世纪初,众多国外学者在企业价值评估方面有了更多的研究,并得到以下一些成果。

Shaffer(2006)提出了基于企业经营失败概率考虑的股票红利贴现模型。美国加利福尼亚大学伯克利分校的弗雷德·威斯通(Fred Weston)等结合企业并购的实际情况,提出了基于不同增长方式对企业价值影响的四种模型,在企业并购估值方面具有代表性。③

Juan Carlos Gozzi 等(2007)通过记录企业国际化之前、期间和之后托宾 Q 的演变,发现托宾 Q 在国际化之后并不会上升。Q 在国际化年份之前和期间大幅上升,但随后在下一年急剧下降,很快放弃了前几年的增长。在对这些动态进行分解时,发现市值在国际化之前上升并保持高位,而企业资产在国际化期间增加。证据支持金融国际化有利于企业扩张的理论,但是通过将企业与更好的公司治理系统联系起来,质疑国际化对 Q 产生影响的理论。④

Joshua Rosenbaum 等(2009)针对企业价值评估方法进行了详细的阐述:可比公司法是在证券市场中寻找与评估标的在业务、财务方面近似的上市公司,基于几个最为接近的可比交易乘数,计算评估标的企业价值区间;现金流量折现法是对评估标的未来预测期的自由现金流量和持续经营期间的企业

---

① Murlherin J. Harold, Audra L. Boone. Comparing Acquisitions and Divestitures [J]. Journal of Corporate Finance, 2000 (6): 117-139.

② Shelton L. M. Merger Market Dynamics: Insights into the Behavior of Target and Bidder Firms [J]. Journal of Economic Behavior & Organization, 2000 (41): 363-383.

③ 威斯通, 米切尔, 马尔赫林. 接管、重组与公司治理 [M]. 张秋生, 张海珊, 陈扬译. 北京: 北京大学出版社, 2006.

④ Gozzi Juan Carlos, Ross Levinea, Sergio L. Schmukler. Internationalization and The Evolution of Corporate Valuation [J]. Journal of Financial Economics, 2008 (88): 607-632.

上市公司并购重组的估值方法及案例研究：基于环保企业的视角

价值（一般称为终值）进行估算，并分别折现到评估基准日。现金流量折现法基于关键业绩驱动因素、加权平均资本成本、标的资产终值等众多假设前提，因此敏感性分析至关重要。无论是可比公司法，还是现金流量折现法的估值结论都是区间值，并可以相互验证。①

Koller 等（2010）指出并购中的总收购价值应当是目标公司的内在价值加上业务合并产生的协同价值，因此并购重组中的估值应当对协同价值予以充分考量。另外，在股市过度膨胀时期，市场价值可能大幅偏离内在价值，估值人员应当警惕。② Thomas 等（2010）对交易中缺乏销售性折价和缺乏流动性折价的情形进行了深入研究，提出了多种计量方法并进行了一定的实证检验。③达摩达兰详尽地解释了折现现金流股价法的各个参数，认为折现率应反映该现金流的风险，充分利用历史数据分析估价现金流，而且更应该参考公司相关人员的估计。④

2011 年，恩里克·R. 阿扎克针对并购重组的企业价值评估，对常用评估方法的应用方法进行了全面、系统及细致的研究。阿扎克不只针对企业估值方法列出了理论上的推导与阐释，还对并购重组实务操作中遇到的问题提出了一系列解决办法和思路。⑤同年，Shihong Zeng 等对国内外近 30 年关于实物期权的相关理论及方法进行了回顾，对其在各个领域的具体应用做了系统详细的阐述。⑥ John Briginshaw 提出了一种新观点，他认为可以用实物期权定价模型对互联网企业的拓展业务的期权价值进行评估。⑦

2012 年，托马斯等讲解了当前世界上价值评估技术的最新发展并归纳介绍了许多估值行业的优秀从业者关于价值评估的独到见解，探讨的内容更加

---

① Joshua Rosenbaum, Joshua Pearl. Investment Banking [M]. John Wiley & Sons, Inc., 2009.
② Koller T., Goedhart M., Wessels D. Valuation: Measuring and Managing the Value of Companies [M]. John Wiley & Sons, 2010.
③ Thomas R., Gup B. E. The Valuation Handbook [M]. John Wiley & Sons, 2010.
④ 艾斯沃斯·达摩达兰. 达摩达兰论估价 [M]. 罗菲主译. 大连: 东北财经大学出版社, 2010.
⑤ 恩里克·R. 阿扎克. 兼并、收购和公司重组 [M]. 李凤云译. 北京: 机械工业出版社, 2011.
⑥ Shihong Zeng, Shuai Zhang. Real Options Literature Review [J]. iBusiness, 2011, 3 (1): 43-48.
⑦ John Briginshaw. 网络公司价值评估: 前沿观点 [M]. 周金泉等译. 北京: 经济管理出版社, 2011.

贴近实务操作,更能具体到实际问题。① Lumpkin 等认为,由于现金流折现估值法存在忽视互联网企业经营的不稳定性、较高的市场风险等特性的弊端,因此对互联网企业价值高估是不可避免的,由此他们探讨了期权定价模型对互联网企业估值的适用性。②

Dirk Jenter 等(2015)基于 1989~2007 年美国上市公司数据,发现当目标公司 CEO 达到退休年龄时,该公司被收购的可能性会显著增加。用退休年龄作为 CEO 私人并购成本的代理变量,发现目标公司 CEO 的偏好对并购行为有明显影响。控制了 CEO 和公司的个体特征及 1997~1999 年并购潮后,发现接近退休年龄的 CEO 的公司每年约有 4.4% 的概率被成功并购,但当年龄达到 64~66 岁时概率上升到 5.8%,增加了 32%。公司治理水平越高,年轻 CEO 公司收购会增加,退休年龄 CEO 公司收购增加得少。在 CEO 达到退休年龄时并购突增,在趋向 65 岁的过程中增长缓慢。③同年,Rwan El-Khatib 等研究了 CEO 的网络中心性(衡量 CEO 个人关系网的广度与强度)对并购结果的影响,研究表明,有较高网络中心性的 CEO 并购交易会更加频繁,但给并购双方带来的价值损失会更大,同时有较高网络中心性的 CEO 能够设法逃避公司内外部监督的约束;进一步研究了公司内部监管、外部收购市场监管和经理人市场监管是否能降低并购频率并阻止价值损失,结果表明,外部收购市场监管和经理人市场监管对有较高网络中心性的 CEO 没有约束作用;最后研究了有较高网络中心性的 CEO 发起并购的可能动机,发现 CEO 个人的金钱和非金钱利益是重要动机。④

Benjamin Bennett 等(2017)发现美国每年有 5% 的上市公司被收购,而股价已理性反映大部分收购收益。估计公司股价有 10% 来自兼并预期。因此,兼并溢价的非可观测(预期)部分约占可观测溢价的 1/3,意味着并购事件

---

① 罗利·托马斯,本顿·E. 格普,国家知识产权局专利管理司组. 价值评估指南——来自顶级咨询公司及从业者的价值评估技术 [M]. 中央财经大学资产评估研究所, 中和资产评估有限公司译. 北京:电子工业出版社, 2012.

② Lumpkin, Gregory G. Dess. E-Business Strategies and Internet Business Models: How the Internet Adds Value [J]. Organization Dynamics, 2000, 32 (9): 8.

③ Dirk Jenter, Katharina Lewellen. CEO Preferences and Acquisitions [J]. The Journal of Finance, 2015, 70 (6): 2813-2852.

④ Rwan El-Khatib, Kathy Fogel, Tomas Jandik. CEO Network Centrality and Merger Performance [J]. Journal of Financial Economics, 2015 (116): 349-382.

研究极大低估了兼并收益。与该假说一致，交易宣布溢价与公司被收购的概率高度负相关。最后发现兼并活动和股价高度相关，每 1 美元的兼并宣布溢价会使总市值最高提升 44 美元。① Ahmed M. Elnahas 等检验了 CEO 政治理念和公司投资决定尤其是并购重组决定之间的关系，使用 1993~2006 年的数据，发现共和党 CEO 更少参与到并购重组中，当参与并购重组时，他们更倾向于现金支付，且更倾向于上市公司和同行业公司。② CEO 的政治意识形态似乎对长期公司估值产生重大影响。但是，他们发现没有证据表明 CEO 政治意识形态在短期运营中创造价值。

1.3.2 国内文献回顾

我国的并购市场尚未成熟，落后于西方发达国家，企业价值评估理论和方法仍然处于学习和摸索的阶段，国内相关领域研究者为此做出了大量的研究工作。国内现有的研究成果基本上都是定性的分析，只有少数学者采用定量的方法来研究有关并购的问题。

陈信元和张田余（1999）以 1997 年上海证券交易所挂牌的有重组活动的全部公司为样本，分析了重组对公司价值的影响，发现股权转让、资产剥离和资产置换类公司的股价在公告前呈上升趋势，随后逐渐下降；而市场对兼并收购类的公司重组则没有明显的反应。③

高见和陈歆玮（2000）研究了 1997~1998 年深沪两市发生资产重组的上市公司后发现，资产重组在公告前被视为利好消息，公告后则迅速大幅消化。平均而言，在公告前或公告后的较长时期里，目标公司比非目标公司的超额报酬率略高，但统计上并不存在显著的差异。④

2003 年，杨屹、殷仲民和杨莎认为企业并购属于战略投资的范畴，但是

---

① Benjamin Bennett Robert Dam. Merger Activity, Stock Prices, and Measuring Gains from M&A [R]. 2018 AFA Annual Meeting Working Paper, July 11, 2017.
② Ahmed M. Elnahas, Dongnyoung Kim. CEO Political Ideology and Mergers and Acquisitions Decisions [J]. Journal of Corporate Finance, 2017 (4).
③ 陈信元，张田余. 资产重组的市场反应——1997 年沪市资产重组实证分析 [J]. 经济研究，1999 (9): 47-55.
④ 高见，陈歆玮. 2000 中国证券市场资产重组效应分析 [J]. 经济科学，2000 (1): 66-77.

传统折现现金流模型的评估价值并不能将这些价值完全反映。因此，他们在传统折现现金流模型的基础上，引入了期权理论，构建了包括目标企业现金流量折现价值、期权价值、并购溢价等多个方面价值的新模型，并且通过实例介绍了新模型的应用。①

朱南军（2004）对三种现金流量折现模型（股利折现模型、股权自由现金流量折现模型、公司自由现金流量折现模型）进行了总结，并在此基础上对三种模型估值的差异和适用性进行了分析和探讨。他认为，三种现金流量折现模型估值结果存在差异是由公司控制权、资本结构、股利分配等因素造成的。②

安铁雷和邹先德（2007）对资产基础法、收益法和市场法从原理、使用条件、适用性和局限性等方面进行了比较分析，并且探讨了三种价值评估方法选择的原则。③

黄学庭（2007）针对威斯通模型讨论了企业是否具有真正增长机会的条件，研究了企业在超常增长期采取不同投资策略对其价值的影响，建立了新的估值模型，并对两种模型在估值上的差异进行了分析。只要企业在超常增长期内不是将税后营业利润全部投资于具有正净现值的项目，新模型所得到的估值大于原模型的估值。④ 余莉、汪俊总结分析了资产基础法、收益法和市场法三种评估方法的基本前提、基本思路等方面的不同，并且分析了影响评估方法选择的因素。同时对资产评估方法在我国应用的必要性进行了分析，并针对收益法的应用提出了相关建议。⑤

黄学庭（2008）在威斯通固定增长模型的基础上建立了考虑未来经营失败概率的估值模型。考虑企业在超常增长期采取不同投资策略对其价值的影响，建立了一个更为简明的估值模型，并给出了隐含超常增长期限的一种计

---

① 杨屹，殷仲民，杨莎. 并购中基于期权模型的目标企业价值评估 [J]. 西安理工大学学报，2003（3）：284-288.

② 朱南军. 三种现金流量折现模型估价差异和适用性分析 [J]. 经济评论，2004（3）：102-104，118.

③ 安铁雷，邹先德. 企业价值评估方法的比较及其选择 [J]. 科技创业，2007（1）：120-121.

④ 黄学庭. 企业并购估值贴现现金流模型研究 [J]. 大连理工大学学报（社会科学版），2007（1）：32-34，56.

⑤ 余莉，汪俊. 资产评估方法的比较及在我国的应用 [J]. 科协论坛（下半月），2007（3）：53-54.

算方法。如果评估人员认为该企业实际拥有的超常增长期小于其当前价值所隐含的超常增长期,那么就可得出该企业当前价值存在高估的结论;反之,表明该企业当前价值存在低估现象。①

柴洪和李桂丽(2009)通过运用等额年金和企业经营业绩补偿模型对国内 2008 年前三季度的企业并购进行了估值测算,根据测算结果将企业的价值评估方法概括为绝对估值法和相对估值法。②

陈一博(2010)在对已较为成熟的市场法和收益法等估值方法归纳整理的基础上,提出一种新观点,将企业的人力资源、技术资源、市场资源等核心资源纳入估值模型中,对价值评估模型合理调整后能够更为准确地对企业估值。③上海证券交易所、中国资产评估协会联合课题组对 2009 年的上市公告并购重组进行了统计分析,发现并购重组中的评估方法以成本法和收益法结合为主,评估结构以成本法为主,但收益法定价比例显著提高。④

赵立新(2011)对 2008~2010 年上市公司重大资产重组中的资产评估执业情况进行了全面分析,从评估理论、评估方法、评估增值、评估与定价的关系等角度进行了系统阐述⑤,并认为并购重组价值评估的价值类型通常分为服务于并购重组目标企业的"市场价值"评估,以及服务于并购企业的"投资价值"评估。同年,高琳和鲁杰钢(2011)同样对该事项进行了分析,主要对上述事项中所披露的收益法运用情况进行了分析,并对实务操作中折现率、收益期限及预期收益等主要方法的应用情况进行了统计汇总,最后针对存在的问题提出自己的初步解决方案和改善建议。⑥

2011 年,程凤朝和刘家鹏对上市公司并购重组过程中的估价、定价方法进行了探讨和研究,采用的方法是模型分析和模拟计算。⑦采用论证的方式得到上市公司所收购资产的定价,以及股票的定价可能存在的误差和人为操纵

---

① 黄学庭. 企业并购估值中的威斯通模型扩展研究 [J]. 财贸研究,2008 (2): 123-127.
② 柴洪,李桂丽. 公司并购的价值效应及价值估值分析 [J]. 武汉理工大学学报,2009 (5): 4-7.
③ 陈一博. 风险投资中的企业估值问题研究 [J]. 金融理论与实践,2010 (1): 64-67.
④ 上海证券交易所,中国资产评估协会联合课题组. 上市公司 2009 年度并购重组资产评估专题分析报告 [J]. 中国资产评估,2010 (6): 11-20.
⑤ 赵立新. 上市公司并购重组企业价值评估和定价研究 [M]. 北京:中国金融出版社,2011.
⑥ 高琳,鲁杰钢. 上市公司并购重组企业价值评估收益法应用研究 [J]. 中国资产评估,2011 (6).
⑦ 程凤朝,刘家鹏. 上市公司并购重组定价问题研究 [J]. 会计研究,2011 (1): 23-27.

所引起的偏差,并在最后针对并购重组的定价机制方面的机制设计和政策方向几个方面提出了自己的建议。而王竞达和刘辰首先对深证证券交易所的上市公司在并购估值过程中对各种估值方法的选择进行统计,并通过对这些方法进行比较分析得出,在并购估值实践中建议对各种评估方法综合使用。①

此外,孙杨舟(2011)运用主成分分析的方法对上市公司企业价值进行评估,对于可比企业和价值比率的选取和确定则是通过建立回归方程进行分析确定,解决了市场法在实践中的难点。②岳公侠、李挺伟和韩立英通过对2008年1月至2010年12月资料齐备的547项企业价值评估样本的统计分析,总结出了当时企业价值评估方法的使用现状,并在此基础上探讨了传统制造、房地产、信息技术等企业评估方法的适用性。③

赵立新等(2012)深入研究了市场法评估涉及的重大理论认识问题,研究了市场法评估的技术体系,归纳了目前上市公司涉及的主要行业的市场法应用特征,剖析了股票评估的应用及重组定价的专业特点,提出了在我国应用市场法的基础条件。同样,朱军和贾玉对市场法运用过程中参数的选择对股票、财务指标及其他经济指标的影响进行回归分析,并对市场法在评估过程中显著影响企业价值的因素进行了实证分析。④同年,王竞达和瞿卫菁以评估值差异率、评估方法的选择等为出发点,在2010年和2011年创业板公司并购的数据基础之上,分析研究了我国创业板交易定价和并购估值的关系,最终提出有关部门和公司应该对并购市场加强监管,并指出置入和置出资产的估值存在差异,应当得到关注。⑤在运用实物期权法估值时,识别企业的期权也尤为重要,刘玉平和王奇超在《资产评估中的实物期权方法研究》一文中提出,并非所有企业经营中的灵活性都能够为企业创造价值,唯有企业在面对不确定性时可以及时准确地应对,才能体现出价值,实物期权法也只有

---

① 王竞达,刘辰.上市公司并购价值评估方法选择比较研究[J].财会通讯,2011(11):57-61.
② 孙杨舟.主成分回归分析在企业价值评估中的运用[D].云南大学硕士学位论文,2011:6-22.
③ 岳公侠,李挺伟,韩立英.上市公司并购重组企业价值评估方法选择研究[J].中国资产评估,2011(6):12-17.
④ 朱军,贾玉.企业价值评估中市场法参数选择研究[J].中国资产评估,2012(8):25-30.
⑤ 王竞达,瞿卫菁.创业板公司并购价值评估问题研究[J].会计研究,2012(10):44-48.

在此时才能估计企业的期权价值。①

唐宇和王慧（2013）认为实物期权法在评估时充分考虑了企业决策的灵活性，这在一定程度上弥补了现金流折现法评估企业价值时忽略企业隐含期权价值的缺陷，增强了实物期权法在评估企业期权价值时的必要性。②周俊如对市场法在并购重组实践过程中的相关问题进行了研究，提出了选取评估方法的不合理、评估程序不谨慎、参数选取不恰当等问题。③同年，程凤朝对我国上市公司并购重组实务进行了分析与总结，并系统地论述和分析了我国上市公司企业估值与交易定价两者之间存在的关系。④罗淇通过分析现有估值模型的缺陷，创造性地将互联网的非财务指标引入了估值模型当中，结合综合评价法和综合指数法对互联网企业各指标予以量化，得出互联网企业价值估值结果，并与传统的市场法评估结果进行比较证明引入非财务指标的合理性和可行性。⑤

王宛秋（2014）在《企业技术并购协同效应研究》一书中认为，正确的认识并购重组给公司带来的发展机遇和价值，对于公司在市场中进行各类型的发展决策具有十分重要的意义和价值，同时在分析和研究的过程中分析了相关立法和监管的机制取向。⑥许贸荃从市盈率、市净率和市销率这三种价值乘数的驱动因素出发，提出就财务指标、风险和成长性等因素而言，应当将这些因素在目标公司与备选样本公司之间进行比较，只有这些因素相近时才具有可比性，如果差异很大，则失去可比性。⑦黄生权和李源使用模糊德尔菲法对互联网企业的价值驱动因素进行分析，提出了一种适用于对互联网企业估值的集成实物期权估值模型。⑧同年，朱敏将实物期权运用到 PROT 项目的

---

① 刘玉平，王奇超．资产评估中的实物期权方法研究 [J]．行政事业资产与财务，2012（13）：63-66．

② 唐宇，王慧．实物期权法对并购目标企业价值评估的应用研究 [J]．科技致富向导，2013（24）：420-421．

③ 周俊如．企业并购中资产评估相关问题研究 [D]．山西财经大学硕士学位论文，2013．

④ 程凤朝．中国上市公司并购重组实务与探索 [M]．北京：中国人民大学出版社，2013：115-117．

⑤ 罗淇．引入非财务指标的互联网企业价值评估研究 [D]．山东大学硕士学位论文，2013：68．

⑥ 王宛秋．企业技术并购协同效应研究 [M]．北京：经济科学出版社，2014．

⑦ 许贸荃．从价值乘数的驱动因素谈可比公司的选择 [J]．中国资产评估，2014（8）：28-29．

⑧ 黄生权，李源．群决策环境下互联网企业价值评估——基于集成实物期权方法 [J]．系统工程，2014（12）：104-111．

价值及评估体系中，所构建的模型增强了 PROT 项目的成功运行。① 关辉国和周复之将其应用到西部持续开发决策中，也进一步拓宽了实物期权方法的适用范围。② 同样，2015 年，宋永胜在梳理实物期权法的基本概念和特点的基础上结合案例分析了其在企业投融资决策中的具体应用。③

董明明（2015）基于对主流估值方法的局限性分析，对自由现金流折现模型进行了参数改进，重新对并购标的进行价值评估发现，自由现金流折现模型更适合对成长性较高的企业长远价值进行评估。④ 张晓慧和孔淑慧基于主成分分析的视角，以财务指标为对象，以上市公司作为样本数据进行分析，将原有的多个经济变量或者财务指标浓缩为几个信息综合性更高的统计指标，为市场法寻找可比公司提供了一种路径。⑤ 杨建卓和张元贞认为并购主要有以下几个原因：①通过并购实现规模扩大、资源整合、降低成本，增强竞争力并获得更多利润。②通过并购实现产品整合，集中优势于新技术开发，实施品牌经营。③获取更广泛的市场和利润，实施多元化战略。④通过并购实现合理避税。⑤通过并购，规避靠融资扩大企业经营规模的难题。⑥

陈蕾和于田（2017）从应用背景、基本思路、模型推导、应用步骤和适用范围等方面构建了退出倍数法的理论框架，发现恰当应用退出倍数法进行公司估值，一方面避免了应用收益法时因公司长期收益难以预测而形成的估值困扰，另一方面有效利用了较为可靠的短期收益预期对整体估值合理度的提升作用，降低了直接采用市场法时因可比对象选择不当而可能产生估值偏差的概率。退出倍数法特别适用于周期性公司估值和部分增长性行业公司估值。⑦ 高锡荣和杨建提出了一种基于不确定情境下的期权定价模型，并对腾讯

---

① 朱敏. 对基于实物期权的水电站 PROT 项目估值的思考 [J]. 昆明理工大学学报（自然科学版），2014，39（1）：110-113.
② 关辉国，周复之. 实物期权方法在西部持续开发决策中应用 [J]. 西北民族大学学报（哲学社会科学版），2014（2）：111-116.
③ 宋永胜. 企业投融资决策中实物期权法应用研究 [J]. 经贸实践，2015（7）：120.
④ 董明明. 以新文化收购郁金香为例探讨估值方法的改进 [J]. 会计之友，2015（22）：50-54.
⑤ 张晓慧，孔淑慧. 企业价值评估市场法中可比公司选择优化研究——基于主成分分析的视角 [J]. 经济研究参考，2015（72）：51-61.
⑥ 杨建卓，张元贞. 企业并购的财务风险及防范 [J]. 统计与管理，2015（4）：115-116.
⑦ 陈蕾，于田. 谈退出倍数法的理论框架及其在周期性公司估值中的应用 [J]. 财会月刊，2017（19）：53-58.

公司进行估值，估值结果表明，该模型能够较为准确地对互联网企业的价值进行评估。①

1.3.3 文献评述

由于各种价值评估理论、方法和模型均是在一定的假设条件下操作的，而且受到各种市场不确定性、分析人员主观偏见和被估价资产本身的不确定性等的影响，运用这些评估模型和方法得出的估值结果会不可避免地出现一些误差和主观性。同时，企业估值问题作为财务方面的国际难题，虽然现在的估值理论与方法有很多，但用于特定某个企业的固定方法还没形成，而且现在国内的估值理论还不成熟。现实中，DCF及其衍生模型应用广泛，而且得到了财会界的认可。新兴的期权定价模型主要用于对高新技术企业进行评估，而且处于探索阶段，但它在处理不确定性问题方面比其他模型更具优势。因此，在实际操作中，为较为全面地反映企业价值，可采用DCF模型或其衍生出的模型与期权定价模型相结合的方法，进而扬长避短。对目标企业价值的合理评估是在进行企业并购和外来投资过程中经常遇到的非常重要的问题之一。适当的评估方法是对企业价值进行准确评估的前提。

目前来说对企业进行估值主要有三种方式，分别是收益法、成本法、市场法。收益法通过将被评估企业预期收益资本化或折现至某特定日期以确定评估对象价值。其理论基础是经济学原理中的贴现理论，即一项资产的价值是利用它所能获取的未来收益的现值，其折现率反映了投资该项资产并获得收益的风险的回报率。收益法的主要方法包括贴现现金流量法（DCF）、内部收益率法（IRR）、CAPM模型和EVA估价法等。

成本法是在目标企业资产负债表的基础上，通过合理评估企业各项资产价值和负债从而确定评估对象价值。其理论基础在于任何一个理性人对某项资产的支付价格将不会高于重置或者购买相同用途替代品的价格，主要方法为重置成本（成本加和）法。

市场法是将评估对象与可参考企业或者在市场上已有交易案例的企业、

---

① 高锡荣，杨建. 互联网企业的资产估值、定价模型构建及腾讯案例的蒙特尔洛模拟分析 [J]. 现代财经（天津财经大学学报），2017（1）：90-100.

股东权益、证券等权益性资产进行对比以确定评估对象价值。其应用前提是假设在一个完全市场上相似的资产一定会有相似的价格。市场法中常用的方法是参考企业比较法、并购案例比较法和市盈率法。

成本法、市场法、收益法是国际公认的三大价值评估方法，也是我国价值评估理论和实践中普遍认可、采用的评估方法。就方法本身而言，并无哪种方法有绝对的优势，就具体的评估项目而言，由于评估目的、评估对象、资料收集情况等相关条件不同，因此要恰当地选择一种或多种评估方法。因为企业价值评估的目的是给市场交易或管理决策提供标准或参考，所以评估价值的公允性、客观性是非常重要的。

通过上述对国内外研究文献的总结分析，我们可以发现，国内外学者已经对并购中目标企业的价值评估做了大量的理论研究工作。尤其是西方学者，他们为企业价值评估理论的发展做出了很大的贡献。国内学者大多在西方学者研究的基础上，结合我国实际发展情况做了进一步研究，总体看资产基础法和收益法相关的研究比较多，与市场法相关的研究比较少。随着我国并购案例数量的增多，新的问题会不断出现，同时也为我国学者提供了更多的研究方向。因此，我国学者应该继续结合我国市场现状深入研究企业价值评估理论，不断完善上市公司并购中目标企业价值评估方法在实际中的应用，更好地解决应用过程中可能存在的问题。

1.4 主要内容和逻辑思路

1.4.1 主要内容

第1章是本书的绪论部分。本章对经济运行的实际情况进行了详细的分析，从这些研究分析中提出了本书研究的主要问题，并简要介绍了本书的研究意义；然后回顾了国内外有关企业并购重组估值定价方法的相关文献，以及企业估值定价方法在实际中如何运用的相关文献；接着阐述了研究思路及研究内容；最后指出了本书可能存在的创新及不足。

第2章介绍了环保企业并购重组的现状。首先对环保企业进行了一个分类，环保企业主要可分为水务企业、固体废物治理企业、大气治理企业、土壤修复企业、节能企业、环境监测企业、噪声与震动控制企业。然后对环保企业并购重组进行回顾，回顾了环保行业2007~2017年的发展历程，对环保行业并购经典案例进行了分析，总结出环保企业在并购重组过程中表现出的一些特征，并对环保行业并购发展趋势进行分析。最后，具体分析了环保企业在并购重组过程中存在的各种风险，包括运营管理风险、财务风险、融资风险、价值评估风险等。

第3章总结了并购活动中企业价值评估方法及评价，主要用到的方法有成本法、市场法、收益法及实物期权估值法。成本法是指在企业并购活动中对目标企业进行估值时，在合理评估企业的资产与负债情况的基础上确定目标企业的价值。由于成本法是从取得资产的角度来反映资产价值，因此要求被评估资产必须处于继续使用的状态。成本法的常用估值标准有账面价值、市场价值、清算价值及重置成本。市场法是指通过比较被评估企业与市场类似企业的异同，并将类似的市场价格进行调整，从而确定被评估企业价值的一种估值方法。市场法应用时需要有一个很完善且交易量很大的资本市场，并且可比公司和我们要进行评估的公司或资产都有互相比较的指标、企业参数等资料。市场法常用的估值乘数有市盈率、市净率及公司价值/息税折摊前利润。收益法是根据企业的现有收益预测企业的未来收益，然后依据贴现率折成现值的一种企业评估方法。收益法通常是在持续经营的条件下使用。收益法的具体方法有现金流量折现法、内部收益率法、自由现金流量模型、完全市场下风险资产价值评估的CAPM模型和权益法。实物期权法可以确定并购中隐含的期权价值，然后将其实物期权价值加入到通过传统评估价值净现值法计算出来的静态净现值中。

第4章是基于环保行业的并购估值方法分析。第一节对环保行业的特征进行分析，分别阐述了环保行业概念、环保行业产业链结构及环保行业的特点。本节首先对环保行业进行了分类，从污染防治的角度将环保行业划分为大气治理、水处理、固体废物处理、噪声与振动控制及其他等子行业。其中，水处理、大气治理和固体废物治理处理三个子行业在整个环保行业中占主导。

接着回顾了环保行业的发展历程,从"发展萌芽阶段"到"孕育阶段"再到"迅速发展阶段"一直到现在的"持续健康发展阶段",环保行业发挥着越来越重要的作用。本书认为环保行业产业链主要包括设备提供、工程建设及设施运营三个主要环节。我们还将"水污染处理产业链""大气污染防治产业链""土壤污染物修复产业链"等不同类型环保产业链的微笑曲线进行对比,通过分析我们总结出环保行业具有正向外部性、政策依赖性、产业渗透性、技术支撑性等特点。第二节对环保行业并购估值方法做了分析。环保行业在实际并购活动中使用较多的方法主要有三种,分别为资产基础法、现金流量折现法和剩余收益法。第三节对水处理行业在不同业务模式下的投资价值进行了分析,如水处理运营公司的投资价值分析、水处理工程公司的投资价值分析、水处理产品公司的投资价值分析。

第5章对环保企业并购估值方法提出了修正建议。本章分别对成本法、市场法、收益法、实物期权法提出了修正建议。运用经典市场法进行企业评估时,通常会遇到难以选择合适的可比企业、企业之间的差异难以准确量化等问题,导致评估结果的可信程度不高。因此,我们提出了基于模糊数学的市场法改进思路。选择几个参照企业,根据选定的多个特征指标,利用模糊数学理论计算企业间的贴近度,从而量化企业间的相似程度,然后以贴近度为基础,用指数平滑法赋予各可比企业相应的权重,用加权平均的方法确定被评估企业的价值。关于收益法的估值,在市场机制发育不甚完善的环保企业价值评估中,其对市场成熟度的要求较高,局限性较大。我们对剩余收益估值模型做了一些修正,利用改进后的杜邦财务分析体系预测剩余收益,以市净率为基础对剩余收益模型进行变形。关于实物期权法的估值,运用 B-S 模型来计算实物期权时,一些变量的输入需要投资者主观估计,容易造成计算结果不准确。采用结合遗传算法确定最优权值的 BP 神经网络对 B-S 模型进行改进,克服了现有企业价值评估中 B-S 定价模型中存在的一些问题,如假设条件苛刻、变量主观性强等,使企业价值评估更客观、更准确,从而有利于投资者做出正确的投资决策。

第6章是对并购估值进行案例分析。本章主要对两个并购案例进行研究分析,首先分别做了并购案例背景介绍,然后对相关案例进行过程和动因分析,以及相关估值方法的选择与应用,并指出一些不足之处和相关建议,进行案例分析和总结。

第 7 章是对前文的总结及展望。本章总结了前文的研究结论，并且提出了一些不足之处及建议，为更好地解决环保企业并购估值问题提供了新思路。

1.4.2 逻辑思路

图 1-1 所示为本书逻辑技术路线。

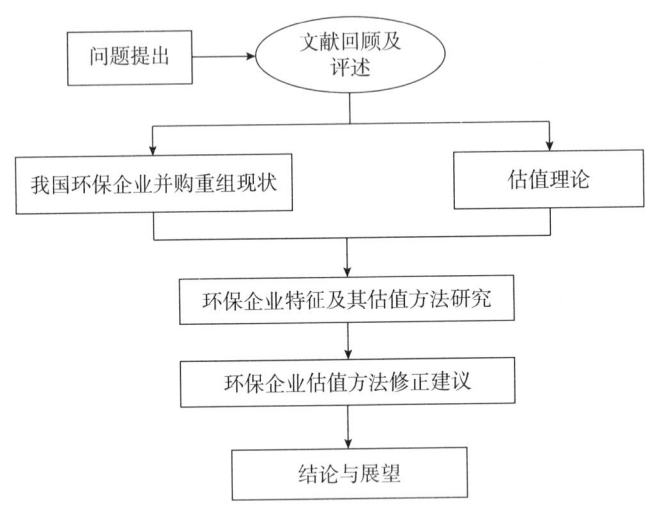

图 1-1 本书逻辑技术路线

1.5 创新和不足

在借鉴相关研究成果的基础上，本书对环保企业的并购估值方法进行了创新性研究，有如下创新点：

第一，视角的创新。现今环保产业快速发展，环保企业并购活跃，而现有理论对并购估值研究较多，但具体估值方法中专门研究环保企业估值的较少，本书视角较新颖，且有助于解决环保企业实际估值问题。

第二，方法的创新。本书根据环保行业特点，综合运用多种估值方法并适当调整估值模型，使估值更加切合环保企业实际，更加合理。

尽管本书坚持借鉴前人研究成果并积极创新，但仍有一些不足之处，集中体现为目前所能获取的资料及相关数据有限，如对全部环保企业的并购重组项目信息统计不够完整，对深入研究本书的重要内容有一定局限性，导致模型调整的准确性受到影响，相关修正建议的效果仍待实践检验。这些问题和不足，我们将在以后的研究过程中努力改进。

环保企业并购重组的现状分析

2.1 环保企业分类

环保企业可分为水务企业固体废物治理企业、大气治理企业、土壤修复企业、节能企业、环境监测企业、噪声与震动控制企业等。其中，水务处理、固体废物治理、大气治理领域的企业在整个环保行业中占主导。

2.1.1 水务企业

水务企业是指原水水处理的企业，可细分为城市水务、流域治理、污水处理等。水务行业指由原水、供水、节水、排水、污水处理及水资源回收利用等构成的产业链。水务行业是中国乃至世界上所有国家和地区最重要的城市基本服务行业之一，日常的生产、生活都离不开城市供水。现在，水处理企业的产业链在不断扩张，如流域治理已经从以前单一的"污水净化"发展到现在的集污水处理、生态恢复、河道清淤等各环节于一体的"大生态治理"，产业链的扩大能增强公司自身发展需求，可通过并购扩宽业务、掌握新技术。许多水务企业通过兼并重组，加强与下游应用企业及高校科研院所的合作，并借鉴国际水行业市场成功的企业转型与管理经验，应用于企业的经营管理之中。

2.1.2 固体废物治理企业

固体废物治理企业是指通过提供一系列产品和服务测量、防止、限制和减弱因固体废物引起的各种问题的企业。经济新常态下，固体废物治理企业正面临重要的机遇期和发展期。目前，我国的固废处理行业尚处于发展初期阶段，产业化程度和市场集中度仍然较低。近几年，在政策驱动下，产业发展正在进入高速增长的拐点，垃圾焚烧竞争加剧、污泥处置受到重视、PPP模式加快推进、企业并购精彩纷呈。2015年底，住建部等十部委发布了《关于全面推进农村垃圾治理的指导意见》，要求到2020年，全国90%以上村庄的生活垃圾得到有效治理，畜禽粪便基本实现有效治理，农村地区工业危险废物无害化利用处置率达到95%。固废处理分为生活垃圾处理和工业危废处理，其目标是无害化、减量化、资源化。目前，在政策驱动下，大宗工业固体废物基本实现了"以储为主"向"以用为主"的转变，综合利用技术日益多样化，还应扩宽收运范围，利用物联网升级设施，也可利用PPP模式，引入资本助力转型升级。

2.1.3 大气治理企业

大气治理企业主要包括脱硫、脱硝和除尘等。我国的大气污染治理产业总体上还处于起步阶段。脱硫企业的竞争处于稳定状态，虽然市场增长率有所放缓，但增长速度仍维持在较高水平，市场集中度较高。由于脱硝企业在近几年才引起足够的重视，因此发展较晚，竞争也处于较为混乱的状态。除尘企业竞争激烈，市场集中度不高。"打赢蓝天保卫战"是环保部近年工作的重中之重，并将贯穿整个"十三五"期间。据预计，"十三五"期间环保产业总投资将超17万亿元，而大气防污染治理政策的密集出台将直接撬动万亿级产业风口，脱硫脱硝、烟气除尘、挥发性有机物减排等大气治理任务任重道远，同时，也为大气治理企业带来发展的契机。大气污染物主要有二氧化硫、氮氧化物、一氧化碳、烟尘、粉尘、温室气体等。大气污染物主要来源于工业污染、生活炉灶与采暖锅炉、交通运输。

2.1.4 土壤修复企业

土壤修复是使遭受污染的土壤恢复正常功能的技术措施，是指利用物理、化学和生物的方法转移、吸收、降解和转化土壤中的污染物，使其浓度降低到可接受水平，或将有毒有害的污染物转化为无害的物质。从根本上说，污染土壤修复的技术原理包括：①改变污染物在土壤中的存在形态或同土壤的结合方式，降低其在环境中的可迁移性与生物可利用性。②降低土壤中有害物质的浓度。目前，我国土壤污染修复产业逐渐起步，中国土壤污染已对土地资源可持续利用与农产品生态安全构成威胁。全国受有机污染物污染的农田已达3600万公顷，污染物类型包括石油类、多环芳烃、农药、有机氯等；因油田开采造成的严重石油污染土地面积达1万公顷，石油炼化业也使大面积土地受到污染；在沈抚石油污水灌区，表层和底层土壤多环芳烃含量均超过600mg/kg，造成农作物和地下水的严重污染。全国受重金属污染土地达2000万公顷，其中严重污染土地超过70万公顷，13万公顷土地因镉含量超标而被迫弃耕。我国城市化进程的加快、对环保的重视和土地的增值刺激了土壤修复市场的发展。其市场潜力巨大，但存在资金、商业模式不成熟、政策和标准、技术等因素的困扰。国内土壤修复企业还有很大的成长空间。

2.1.5 节能企业

节能服务企业主要是采用基于合同能源管理机制运作的、以营利为目的的专业化企业。节能服务企业与愿意进行节能改造的用户签订节能服务合同，为用户的节能项目提供包括节能诊断、融资、节能项目设计、原材料和设备采购、施工、调试、监测、培训、运行管理等的特色性服务，通过节能项目实施后产生的节能效益来赢利和滚动发展，主要涉及的行业几乎涵盖全部工业、事业、机关及其他公建机构。随着全球能源短缺、能源安全及气候变化形势日益严峻，世界各国为了实现节能减排目标和优化产业结构，都在大力发展节能产业，目前，节能产业已经成为全球经济发展的新增长点。目前，中国也高度重视节能，出台了一系列促进节能的政策措施。节能已经成为中国能源可持续发展战略的重要组成部分。节能企业主要分布在华东、华北，发明专利也主要集中在东部地区，节能技术和节能服务业发展较好，但面临产业整体发展水平较低、结构不合理、服务体系不健全、中介机构尚未发展健全等问题，应落实经济激励性政策、推进节能产业集聚区建设、拓宽节能服务业融资渠道和注重与环保的协同效应。

2.1.6 环境监测企业

环境监测在我国属于新兴产业，处于导入期。目前，我国已经建成包括内陆监测、海洋监测和空间监测的监测体系，基本覆盖包括大气、土壤、地表水、地下水、海洋环境，以及季节性事件和突发事件等方面。内陆监测主要针对大气、水资源、土壤、辐射，以及噪声的生态环境质量和重点排污企业的监控。海洋监测的指标包括石油类、重金属、砷、硫化物和有机碳等。在我国环境监测事业快速发展的近10年中，不少省级、地市级环境监测站陆续投资成立了环境监测企业。目前，各地普遍存在环境监测站人员编制不足、仪器设备亟须购置等现象，而国有环境监测企业能够在一定程度上缓解监测能力不足的问题。

2.1.7 噪声与震动控制企业

噪声与振动控制行业作为环境保护相关产业的一个部分，得到了很大的发展。20世纪60年代只有几个生产厂家生产消声器等单件产品，产品只有数十种，产值仅几百万元，有关科研设计单位只有几个。到如今，我国噪声与振动控制行业企业有15家产值过亿，噪声与振动控制行业更是有了突飞猛进的新发展，所生产的产品如消声器、吸声材料和结构、隔声构件、隔振器、阻尼减振材料、噪声与振动测量仪器等，已基本能满足国内噪声与振动控制的需要，有部分产品还出口国外。在噪声与振动控制技术方面，企业自主研发、技术创新和新产品研发不断深入，其中部分技术成果已达到国际先进甚至国际领先水平。产品种类、规格和性能也在不断改进和提高，工程设计和工艺水平也有了一定的进步，已形成一批系列化和标准化的通用噪声控制设备，基本适应我国噪声与振动控制产业体系的需要。目前，我国噪声与振动控制行业的技术热点仍旧集中在铁路、公路交通与城市轨道交通领域的噪声与振动控制，电力行业发电厂与输变电系统的噪声与振动控制，冶金、建材、化工行业的噪声与振动控制，城市环境噪声在线监测与综合控制，建筑声学处理与噪声控制，以及新型声学材料的研究开发等方面。

2.2 环保企业并购回顾

2007年之前是环保产业资源整合、原始积累的阶段，环保产业每年有零星的并购和股权交易发生。在这一阶段，一些产业集团尝试进行资源整合，成为更有效率、更加专业化的环境实体公司，如上海城投控股整合上海城市排水公司。一些现今知名的环保公司在这一时期通过整合区域性的环保业务资产实现了原始积累，也确立了自身的基本业务线，并对被重组方的重大资产、负债进行了合理的处置，显著提升了公司的经营业绩，如桑德环保（曾用名）收购国投原宜实业股权、上实控股收购厦门水务等。一些企业自身经营状况不佳，对环保行业的前景看好，通过并购重组的方式加入到环保水务行业中，并实现了危机化解，如郑州污水净化重组白鸽股份等，通过甩掉原有经营性资产，置入污水净化资产，实现了净利润的较大提升。一部分的并购重组是为了化解危机，维护当地社会稳定，实现经济效益和社会效益并举，如四川水电重组西昌电力。此阶段，国际环保巨头较为强势，在中国市场成为水务领域规模型并购的先行者，如威立雅水务收购海口水务、兰州供水集团等。

2007年起，市政水处理行业迎来了大发展，环保产业整体也继而被拉动。环保产业的并购导向开始进入一个横向并购、扩大规模的阶段。几家先行企业开始将并购作为横向扩张的最主要的手段，各类企业借助资本的力量在全国范围开始了轰轰烈烈的"跑马圈地"运动。如帝都双雄——北控水务和首创股份。虽然在2008年、2009年两年，产业并购体量因全球经济危机有所下降，但这一因素并未持续多久，自2010年起，并购数量和金额都开始双双回升。与此同时,水务公司开始分层,几家企业一举跨出所在地区,成为全国性的重资产环境集团(规模化经营)。而另一些企业则深耕区域市场成为区域性环境综合服务提供者,如兴蓉投资、中滔环保等。

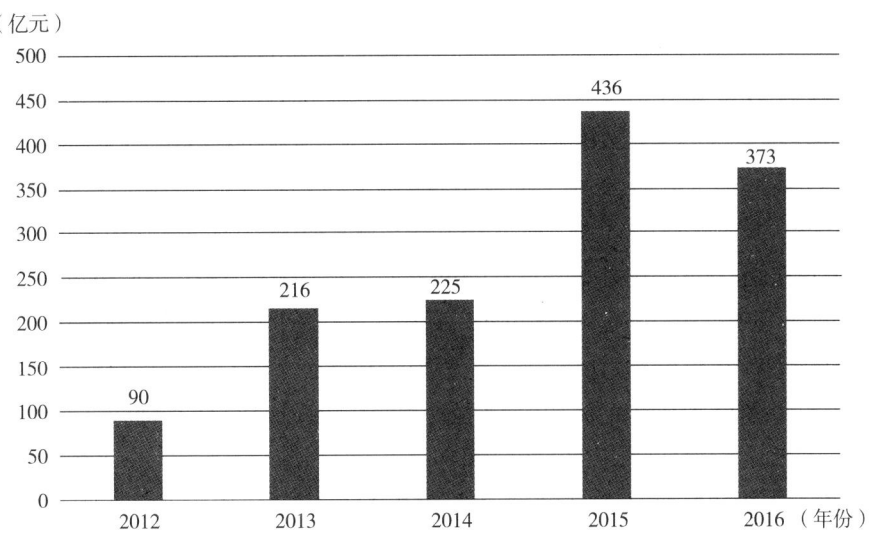

图2-1 2012~2016年中国环保产业并购交易总金额
资料来源：宇墨咨询并购数据库。

如图2-1所示,2013年的产业并购规模从2012年90亿元一举迈上200亿元的阶梯,与环保产业相关的并购有45例,平均每宗环保并购案交易额4.8亿元。其中,最大手笔的交易为中节能以34亿元对中金再生29%股权的收购,环保产业并购大势正式潮起。也正因此,有分析人士将2013年称为"环保产业并购元年"。体量激增的原因也非常简单,在此阶段,全国性的环保问题开始受到空前关注。而环保行业的地位也开始显著提高,成为政府重点培植、资本开始重点关注的行业领域。环保企业也进一步发展壮大,并购开始成为企业实现各类战略目的的常用手段,而资本的介入也让企业越来越有能力实施并购。并购案例较前一阶段呈现出显著的多元化趋势,如海外并购、跨行业并购、技术型收购等。在领域跨度方面,从跨越环保行业和其他行业的统计中可以发现,传统工业企业无论是在并购数目上还是在金融上都显得比环保企业对外扩张更加积极。最热衷于通过并购进入环保行业的是能源企业,其次为重工、化工和基建企业。这类企业的主要需求可概括为寻求新的增长点、谋求业务转型及提升自身的环境绩效。而环保企业在其他行业的扩张就显得更加多样化,在各种需求下,收购的目标主要包括机电、能源、化工、咨询、设计及融资领域的公司等。

到2017年,中国国内环保上市公司2017年共发生35起并购事件,涉及金额218亿元。虽然相对2016年的66例在并购数量上锐减了近一半,但对比2016年278亿元的国内并购交易金额,2017年环保企业并购势头仍然强劲(见图2-2)。海外并购仅5起,交易金额共计98.69亿元,占总交易金额的45%左右,相对于去年62.23%的占比,海淘速度明显放缓。不过,2017年最大的一笔收购订单中国天楹对江苏德展100%股权的收购实为海淘项目。

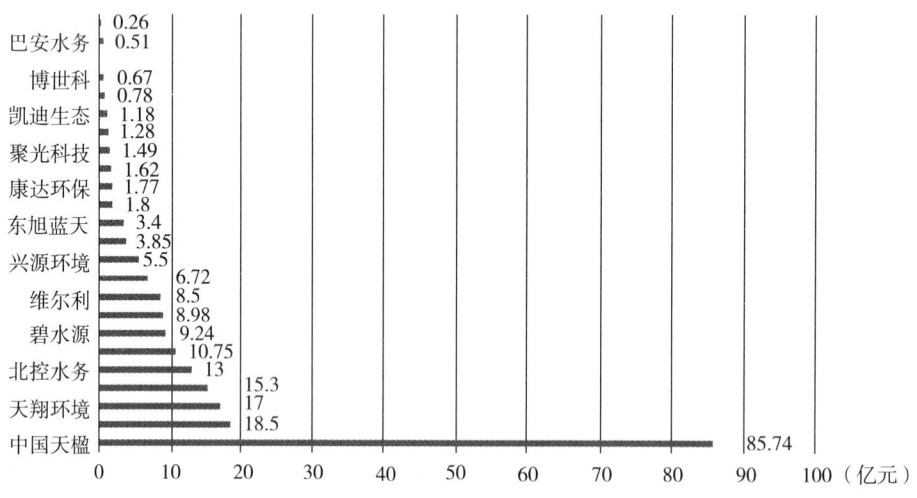

图2-2　2017年环保企业上市公司并购金额

资料来源:点绿科技。

前几个阶段,行业因自身发展出现了大量的优秀企业,并且因市场化运动,大量国有资产也出现被并购整合的需求。这些优质标的成为了有前瞻性的头几波买家的发展红利。然而,当越来越多行业内外企业开始投身并购大军,标的的争抢也越发激烈,而随着行业利好政策的不断推出,一些优质企业也开始有了更高的发展目标(上新三板、IPO等)。同时,行业竞争的加剧也让环保创业门槛不断提高。种种因素作用下,市场上的优质标的越来越少,溢价自然也水涨船高。

环保行业各个板块过去几年收购频繁。各个板块之间的并购数量和并购金额都增长明显，其中水处理和节能板块收购并购规模最大。水处理行业主要包含城市水务、流域治理、污水处理等细分板块，公司数量众多，因此并购相比而言也高于其他板块。同时，现在流域治理已经从以前单一的"污水净化"发展到现在的集污水处理、生态恢复、河道清淤等各环节于一体的"大生态治理"，产业链的扩大增强了公司自身发展需求，而并购是公司快速掌握新技术的快捷途径。节能板块主要为工业企业提供环保服务，单个并购案件规模较大，因此整体规模领先其他板块。

大气治理板块2017年并购数量和金额表现已经优于2016年整年。从过往数据来看，整个板块并购规模也处于上升阶段。这和大气净化行业传统业务饱和，各公司普遍进行技术升级及业务扩展密切相关。

固废处理板块各公司区域化严重，因此收并购是行业内公司产能扩张、增加市场份额的快捷途径。到目前为止，以垃圾焚烧为代表的无害化处理在固废行业中被快速使用。另外值得一提的是，垃圾收运业务是固废无害化处理的入口，因此环卫一体化是固废行业未来发展新趋势。目前，行业内公司纷纷布局环卫一体化发展，也进而加剧了固废处理板块并购。

2.3 环保企业并购的趋势

2.3.1 国内规模化公司进行海外并购

随着国家利好政策的陆续出台，环保产业关注度一路攀升。党的十九大后，中国环保市场的大好前景更是不言而喻。党的十九大报告要求："构建市场导向的绿色技术创新体系，发展绿色金融，壮大节能环保产业、清洁生产产业、清洁能源产业。"这几年，产业快速发展，并购比较活跃，威立雅、苏伊士等国际环保巨头企业也纷纷表示将加大对中国环保市场的投入力度。与此相对的是,近年来,在大举布局国内环保市场的同时,中国环保企业也纷纷"走出去",寻找更多机会。环保企业海外并购趋势愈加明显,一度成为一种风潮。2014 年,首创集团收购了新西兰固废公司的全部股权,交易金额折合成人民币约为 50 亿元。次年,同是首创集团再次大手笔收购了 ECO 公司,此公司为新加坡危险废弃物处理行业中位居首位的公司。2016 年 2 月,北控集团以折合人民币约 14.38 亿元的价格成功收购了德国的 EEW 公司全部股权。近年,环保行业的优质标的越来越少、越来越贵,已到了多家竞逐的地步。因此,不少龙头企业开始从海外寻求标的,比如传统的东南亚和欧美地区、新兴的澳大利亚和巴西等地区。2017 年 3 月,葛洲坝发布公告称,公司全资子公司中国葛洲坝集团海外投资有限公司拟收购巴西圣保罗圣诺伦索供水系统公司 100% 股权,以获取与巴西圣保罗圣诺伦索供水项目相关的特许经营权。这是 2017 年首起对金砖国家公司的收购,在一定程度上体现了国内环保企业的目光之广远。发达国家市场是中国环保产业"走出去"的第一站,而东南亚国家、金砖国家以及"一带一路"沿线国家凭借高速增长的市场潜力将在未来成为中国环保企业新的投资目标国。据中国水网不完全统计,2015 年 1 月到 2017 年 12 月底,三年间,中国环保企业海外并购案例共发生约 47 起,涉及金额近 450 亿元人民币。

由表 2-1 所示,国内有多家上市公司多次参与海外并购上市,环保产业的并购整合将成为趋势。大多数环保类上市企业都通过并购来实现做大主业、扩张区域、延伸产业链的目的,进而成为综合性环境集团。

表 2-1 曾多次海外并购上市企业

收购方	海外并购案例数目	业务涉及领域
云南水务	2	市政水处理、垃圾焚烧发电
北控集团	2	水处理运营、垃圾焚烧发电
雪迪龙	2	环境检测
天翔环境	4	污泥除磷、水处理、废物回收
苏交科	2	环境检测
永清环保	2	土壤修复

资料来源:宇墨咨询并购数据库。

2.3.2 大型国企扎堆进军环保行业

经济新常态下,大批高耗能、高污染的传统国有企业需要深化改革、转型升级,而进入环保产业成为许多具有资本优势的大型国企的共同选择,环保产业成为极具成长性的经济发展新高地。葛洲坝集团、中国铁建、中国石化、中冶集团、中国建投、徐工集团纷纷在近两年开始跨界布局环保市场,在企业战略发展中开辟出一条新路。

2015 年,葛洲坝集团收购了凯丹水务公司 3/4 的股权;中国中车集团拿出 10 亿元进军污水处理行业;中国石化集团建立了第一家节能环保工程企业;知名的上市环保企业桑德集团也于 2015 年将旗下公司桑德环境的近 30%的股权转给清华控股有限公司旗下企业,成为了国有控股企业。2016 年 7 月,中国化学发布公告称,拟联合中国化工按照 75%和 25%的持股比例投资设立中化工程集团环保有限公司,注册资本为 10 亿元,首期出资为 1 亿元。中化环保将主营废气治理、废水治理、固废治理及节能减排项目工程,国有企业以其雄厚资本进入环境领域,可以填补治理资金的巨大缺口,弥补财政投入不足。

首先,传统重型工业巨头纷纷加入"环保圈",看中的是当前环保治理的巨大缺口。根据国家财政部公布的数据,"水十条""气十条"在落实中,每年的投资规模大概是 2 万亿元。单是土壤治理产业规模就在万亿元以上,大型央企、国企将为环保产业带来新的市场容量。正是因为其具有强大的低成本资金优势,所以能够推动环保类 PPP 项目迅速落地,扩大整个环保产业的投资,弥补政府对于环保投资的不足。其次,大型央企、国企在短时间内的跨界进入导致其在技术储备、系统集成、装备制造、项目实施经验上存在短板。而中小企业往往在细分领域上都具有自身的核心技术,并且拥有良好的系统集成及装备制造能力,拥有丰富的环保项目实施管理经验。因此,大型央企、国企和专业性环保公司具有强烈的互补需求,而非单纯的对立与竞争关系。例如,中国石油化工集团公司早在 2013 年就已推出"碧水蓝天"环保行动,计划 3 年投入 228.7 亿元,实施 803 个环保综合整治项目,意在改善石油作业现场及企业所在区域的环境质量。大型国企、央企的进入会改变目前的市场竞争格局，促成与中小型企业的合作。合作一方面会增强中小专业性环保公司在各细分领域的竞争性，另一方面会有助于加速一些没有竞争优势、实力比较弱、主要靠"跑关系"的环保企业退出市场。从这两方面考量，大型央企、国企除了凭借资金实力快速进入环保产业，从而带来巨大的市场容量外，还会加速环保产业的优胜劣汰，一定程度上改变产业的竞争格局，大型国企的加入为环保业注入了新的活力，它们的到来有利于大型项目的快速落地、技术的提高等。然而，对于跨界的大型国企来说，虽然它们实力强大，但若想在环保行业干出一番业绩，仍然需要更加努力。

2.3.3 延伸产业链并购

我国现有环保企业多为中小型企业，还没有形成规模，大部分的企业主营业务都集中在固废处理和污水处理等领域。但是随着环保行业的发展，我国环保企业也在逐步壮大。环保产业链逐步拉长，垃圾处理行业从末端焚烧业务延伸至前端废弃物收集及环卫运营，污水处理行业由末端减排处理向管网收集业务拓展，并逐渐衍生出海绵城市、城市管廊等新理念，治理手段从点源治理逐渐落实到面源控制的具体行动中。同时，传统环保产业集成并结合互联网技术应用，在其基础上创新出了智慧城市等新型环保产业的雏形脉络框架。环境产业链的延伸伴随着智能化、综合化及技术服务升级，成为跨界企业突破的风口。比如，"环境监测+互联网"的典型应用有金控数据的PM2.5服务监测云平台、联想云集团的智慧环保云——PM2.5云监测平台。"再生资源+互联网"的典型应用代表有桑德环境开发的易再生网，整合了信息流、资金流和物流、担保等功能。

随着产业的发展，实力雄厚的平台型企业将继续依靠并购做大做强。这类趋势当前主要存在于环保产业中相对较为成熟的税务和固废领域，今后通过并购的方式，产业链还将不断地延伸。这类并购将使这些领域的市场竞争格局趋于明晰和稳定。固废处理、污水处理业务毕竟具有一定局限性，通过产业链的不断延伸，垃圾、污水的处理将逐步从如今的无害化、减量化处理最终走向资源化利用，从而形成符合供给侧需求、符合环境友好型社会需求的低碳、可循环的绿色环保产业链。

2.3.4 传统企业进行跨界并购

受亚洲金融危机及国内通货紧缩的影响，加之国内整体化工业竞争越来越激烈，1998~1999年渤海化工连续两年出现较大亏损，1998年、1999年净利润分别为-6.17亿元和-3.74亿元，面临着较大的经营危机和债务危机。因此，渤海化工A股股票于1999年5月17日被特别处理，在2000年10月10日渤海化工完成了重大股权变更和资产重组，与天津市政进行资产置换，主营业务变更为城市基础设施和污水处理，天津渤海化工有限公司集团有限公司更名为"天津创业环保股份有限公司"，同年实现净利润16860.4万元，并于2001年3月26日被撤销特别处理。

白鸽股份有限公司是一家有悠久历史的国有股份公司，于1993年在深圳证券交易所上市，并在20世纪连年亏损面临退市，2003年通过重组，将旗下的磨料磨具业务相关资产和负债与郑州市污水净化有限公司所属的王新庄污水处理厂经营性资产进行资产置换，完成对白鸽股份的资产重组，置换完成后，公司主营业务变更为污水处理及城市集中供热，使白鸽股份成为公用事业和环保类上市公司，并实现了主营业务收入等财务指标的连年增长。

中再资源环境股份有限公司（以下简称中再资环）原名是秦岭水泥，主业为水泥制造，由于连年亏损几度面临退市，在2014年通过重组，将原有水泥业务剥离，主营业务转为废弃电器电子产品的回收与拆解处理。从一度濒临退市，到摇身变为再生资源龙头，中再资环的成功转型依赖于势头大好的环保产业。

2017年，已经有25年房地产行业背景的雅居乐日前正式宣布进军环保行业，目前，雅居乐环保集团已经成功并购相关环保企业超过20家，聚焦固体废弃物、环境修复和水务三大领域。对此，雅居乐集团控股有限公司副总裁兼环保集团总裁李雪君表示，雅居乐环保集团当前最主要的方式是并购，并购让雅居乐环保集团实现了从"0"到"1"，未来雅居乐环保集团会考虑更多的形式实现集团业务本身的多元化和业务拓展的多元化。

2.3.5 固废危废将成热点领域

从行业分布的结构看，我国环保产业并购的热点正在逐步从水务领域向固废领域转移。在 2017 年全部 86 例并购事件中，固废处理领域占了 22 例，总金额 145.6 亿元，分别占 24.7% 和 37.8%。而在 2017 年之前，污水处理项目在环保产业并购市场中长期占据着绝对主导地位。近年来"环责入刑"日益强化，而危险废弃物处置不当恰是环境责任的主要来源。这在很大程度上提升了企业对危废的处置的需求。然而同时，我国危废处置产能严重不足。以工业危废为例，《2017 年全国大中城市固体废物污染环境防治年报》显示，2016 年 214 个大中城市工业危废产量达 3344.6 万吨，较 2015 年增长 19.4%，而全国危废经营单位实际经营规模则仅为 1629 万吨，缺口达 51.3%。随着监管加强，企业偷排减少，对危废无害化处置的需求还将进一步提升。固废领域是公认的继水处理之后的下一个风口，2017 年危废标的的高毛利率和高溢价抢尽风头，环卫一体化市场的崛起也快速推动着产业整合。然而同时，由于环保标准不断提升，对危废的处置标准及要求也相应提高，资质审批将更趋严格，导致较高的进入壁垒。而新增产能则易受土地、邻避效应等因素制约，投产周期较长。因此，并购整合就是企业进入危废市场、提升市场规模最快速有效的路径。危废处理是目前我国环保产业各个子领域中集中度最低的。相比于美国危废处理市场前 10 名的企业市场占有率均超过 50%（CR10：54.5%）的集中度，我国市场 CR10 仅为 6%，显著低于发达市场。这为行业并购重组提供了巨大的空间。环保行业日趋成熟和理性，环保市场整体并购趋势减缓。国内市场上，固废处理领域的污泥处理、危废处理处置、餐厨垃圾处理等子行业市场集中度仍然较低，2018 年这些领域并购规模可能有明显增长。

2.3.6 环保产业景气程度分化

2018 年 1 月和 2 月的 GPI 分项指数均显示，环保企业中，规模较大的企业景气程度明显高于规模较小的企业，并且这种景气程度的分化表现在订单、生产、成本和资金周转等生产经营的各个方面。值得注意的是，大企业在政府合作项目占比方面也显现出明显的优势。GPI 指数揭示了环保产业明显的两极分化趋势：龙头企业获得了大部分市场订单，发展向好；中小企业的经营则比较困难。

绿色环保产业的分化也得到了市场数据的佐证。在 A 股 35 家环保板块上市公司中，2017 年年报披露总资产大于 50 亿元的 16 家企业总利润与归属母公司的净利润增速分别为 25.3% 和 21.6%，而总资产小于 50 亿的 18 家上市公司总利润与归母净利润的增速则分别仅为 8.2% 和 10.7%，大小企业之间的业绩表现差异巨大（见图 2-3）。

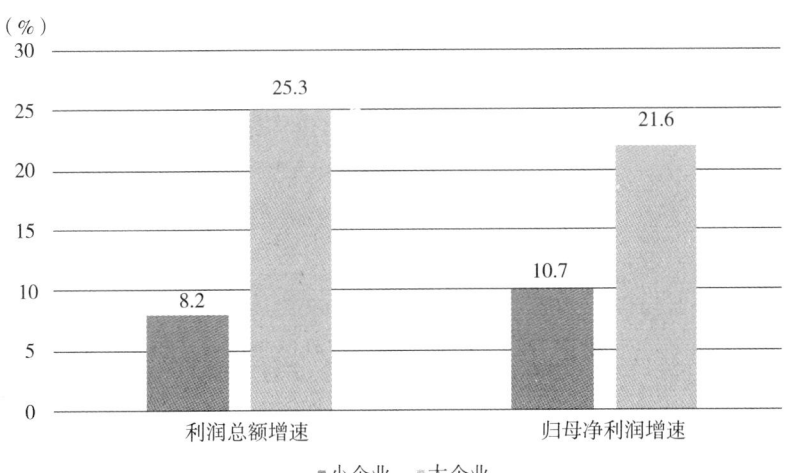

图 2-3 2017 年环保产业不同规模企业业绩对比

资料来源：Wind，兴业研究。

绿色环保项目以公共项目为主，大企业在项目投标和资金方面的能力产生了巨大的优势。以 PPP 项目为代表，无论是绿色 PPP 项目还是其他 PPP 项目，均存在行业集中度高，国企及上市公司等大企业充分受益，中小企业、民营企业逐步边缘化的态势。

在生产经营状况的显著差异下，大企业普遍对未来有较好的预期，并表现出较高的新增投资和并购重组的扩产意愿，以满足未来不断增长的市场需求，提升市场占有率，由此带来环保产业结构重组的深化和加快。

2.4 环保企业并购存在的风险

2.4.1 运营管理风险

虽然国家政策利好，但我国环保业起步较晚，市场咨询体系及环保产业风险投资体系等环保服务始终存在不健全的问题，并购仍然面临许多潜在风险，企业在完成并购后，最终的选择必然是战略并购和产业整合，可能无法产生运营协同效应，即难以实现规模经济和经验共享互补。通过并购形成的新企业由于规模过于庞大，甚至会出现规模不经济，整个企业可能会被并入的企业拖累，组织结构交叉重复，产业转变缓慢，人员观念各异，容易形成各自为政，下情无法真实上送，上情下达不顺畅，水平沟通阻断，像一盘散沙，甚至可能出现帮派现象。

由于并购方与被并购方管理层理念和管理制度的差异，这种碰撞和摩擦可能给企业生产经营带来一些负面影响。还可能涉及高级管理人员调整、组织结构改变与分配制度、激励制度的重新制定。企业并购后，应建立新的董事会和选举新的经营管理层人员，通过充分调整经营管理队伍，提高并购后企业的整体效率，从而实现管理协同效应，而这是一个复杂的过程，并购方与目标企业均面临着极大风险，企业集团必须做到拥有强大的经营管理能力作为支持，否则将可能跌入经营不善的陷阱。

2.4.2 财务风险

我国环保企业并购需要大量的流动资金，用于并购过程及后续整合，财务风险是决定并购成功与否的重要因素。

2.4.2.1 融资风险

融资风险是指与并购资金保证和资本结构有关的资金来源风险，包括资金是否在数量上和时间上保证需要、融资方式是否适合并购动机、债务负担是否影响企业正常的生产经营等。融资风险是因企业并购融资时影响因素的不确定而客观存在的,并且这种不确定随融资额度的增加而加大。由于企业并购在我国兴起较晚,所以对企业并购融资问题的研究还很难达到透彻、细致。加之目前制约其稳健发展的因素还很多,所以我们更应加以重视。并购决策会直接影响到企业资金组成和资本结构、并购所需的自有资本与债务资金投入比例、短期资金与长期资金的筹集。并购过程中的筹资风险主要体现在资金是否可以在限定的时间内筹得;资金的数量与资金结构是否满足并购及整合所需;股份资金、债券资金、认股权证、固定资产等资金形式的变现能力;现金支付是否会影响原企业正常的生产经营,否则会导致企业信用风险,加大融资难度;担保的风险和补偿得力;货币政策的变化、流动性过剩、银根紧缩政策使融资成本变高、额度变小,给企业信贷带来不确定性风险。

2.4.2.2 价值评估风险

并购估价风险是指在企业并购中,由于信息不对称而对目标企业价值评估不准确的不确定性和可能性,这种不准确一般包括两种情况:一是过高估计并购协同效应而支付过高溢价引起并购企业财务状况恶化或财务成果损失,并购企业付出成本过高,整合后的企业盈利能力不如预期评估,价值评估误差大,容易造成过高的资产负债率,使企业面临财务风险。二是过低估计目标企业的价值而出价过低导致并购失败并使并购企业损失前期投入。目标企业价值评估风险产生的根本原因在于并购双方之间的信息不对称。由于我国部门会计师事务所提交的审计报告不实,上市公司信息披露不够充分,严重的信息不对称使主并企业对目标企业资产价值和盈利能力的判断往往难以做到非常准确,在定价中可能接受高于目标企业实际价值的收购价格,导致主并企业支付更多的资金或以更多的股权进行置换,由此可能造成资产负债率过高及目标企业不能带来预期盈利而陷入财务困境。

2.4.2.3 偿债风险

偿债风险是指企业并购后由于债务负担过重,缺乏短期融资和必要的现金持有量,导致支付困难的可能性。通常情况下,企业需通过借款、杠杆收购等方式来完成并购。而收购后目标企业未来资金流量具有不确定性，杠杆收购更是必须实现很高的回报率才能使收购者获益。企业偿债计划、短期债务与长期债务比率、债务的结构与类型、收入组合优化、成本控制、利润分配都会对偿债产生直接影响。我国环保产业多是项目运营型，比如 BOT、BT、TOT 等模式，投资规模大、运营期长、投资回收期长，且环保产业具有政策性和公益性，往往在盈亏平衡附近徘徊，使企业面临偿债风险。

2.4.3 文化融合风险

2.4.3.1 文化冲突风险

一般来说，每个企业都有它们所特有的价值观、经营理念、管理哲学、行为准则等企业文化，这些企业文化是相对稳定的，对企业及员工的影响是深远的。比如华为的"狼性文化"、海尔的"看板文化"、蒙牛的"牛文化"，每个成功企业都有伴随其成长的经营理念和管理者哲学，这也是企业文化的精髓。一个人的文化是在多年的生活、工作、教育影响下形成的，处于不同文化背景的各方管理人员、员工由于不同的价值观念、思维方式、习惯风俗等，对企业经营的一些基本问题往往会有不同的态度和反应。处在不同"文化边际域"的人们不可避免地会在行为和观念上产生冲突。如果优势企业中的经理坚持自己的文化价值优越感，在行为上以"自我参照标准"为准则来对待与自己不同文化价值观的员工，必然会遭到抵制，进一步扩大文化冲突，从而给企业的经营埋下危机。

2.4.3.2 员工态度风险

两个或两个以上公司合并后，必然涉及高层领导者的调整、组织结构的改变、规章制度和操作规程的重新审核、工作人员重新定岗及富余人员的去留，这些都会引起管理者和员工思想、情绪的波动，对并购态度表现不一。研究表明，不管表面是多么公平、圆满的合并，一方企业总认为自己是"输家"，另一方企业则认为自己是"赢家"。在并购中自认为"输家"的管理者利益一旦受损，便会利用其对组织与员工的影响力，增加并购以后经营中的阻力。如果员工对待并购反应冷漠，并感觉受到不公平的待遇，就会表现出对抗和不屑，这些会加大并购成本，给并购带来阻碍和困难。

2.4.4 人员安置风险

保民生、不裁员是中国企业间并购重组过程中为营造和谐氛围而不可推卸的责任。从企业并购的战略及追求价值最大化来讲，并购企业需要控制经营成本，需要设置适当岗位配置适合的员工，这样不适合员工的安置就成为并购过程中迫切需要解决的问题。如果富余人员安置不当，将会引发一系列社会问题、家庭问题，导致整个并购交易的失败；若人员安置方案未能有效执行，同样也可能会发生大规模员工上访事件，破坏目标企业生产经营秩序，造成社会不稳定；另外，人力资源整合中的关键是要留住核心人才，尤其是具有核心技术和管理能力的高端人才，给予合适的位置和待遇，减轻员工心理与情感等方面的冲击。

2.4.5 法律风险

环保企业并购涉及众多关联行业，尤其是污染源头产业，因此完善的法律法规体系对我国环保企业并购的健康发展尤为重要，因为政策法规带给并购环保企业的风险是最不确定也是最难防范的。环保产业比其他产业更需要政策扶持，我国也在大力设置相关的法律法规及经济政策、财税政策，以实现可持续发展战略和清洁生产目标。制定一部完整并且具有前瞻性、整体性、规划性和权威性的法律法规对整个并购活动进行规范，成为市场经济发展的迫切需要。近年来，环保行业的跨国并购也越来越多，不同的国家由于国情和文化背景不同，相关的法律规定也不同，从而使当事人权利义务不对称。跨国并购受不同国家的法律制度的约束与调整，这种法律的不对称极易导致并购出现法律隐患。同样，国内也同样存在法律不对称的风险。我国《企业并购法》散见于不同时期公布的法律文件中，有关并购的法律法规不健全，政策措施尚不配套规范，甚至还有漏洞与冲突之处，而且只针对一时之需，没有长远规划，突出表现在法律层次较低，且缺乏稳定性，同时规范之间规定不一致，有些甚至相互冲突。

2.5 本章小结

本章对环保行业并购重组的现状进行了详细的介绍。首先，对环保企业进行了分类。环保企业主要可分为水务企业、固体废物治理企业、大气治理企业、土壤修复企业、节能企业、环境监测企业、噪声与震动控制企业。其中，水务处理、固体废物治理、大气治理领域的企业在整个环保行业中占主导。其次，介绍了各类企业的特点和在国内的发展情况。再次，分三个阶段对环保企业并购重组进行回顾，回顾了环保行业 2007~2017 年的发展历程，对国内外环保行业并购经典案例进行分析，总结出环保企业在并购重组过程中表现出的一些特征，并对环保行业并购发展趋势进行分析，预测国内规模化公司将会进一步进行海外并购、传统企业进军环保行业跨界并购、固废行业将成为热点领域等。最后，具体分析了环保企业在并购重组过程中存在的各种风险，包括运营管理风险、财务风险、融资风险、价值评估风险、文化冲突风险等。

并购活动中企业价值评估方法及评价

对目标企业的估值方法有很多,总结起来主要有成本法、市场法、收益法、实物期权估值法等。

3.1 成本法

3.1.1 成本法简介

成本法又称为资产价值基础法,是指在企业并购活动中对目标企业进行估值时,在合理评估企业的资产与负债情况的基础上确定目标企业的价值。成本法运用的基本假设是:企业的价值等于所有有形资产和无形资产的公允价值之和,减去负债的价值,得到企业净资产的公允价值。同时,应用成本法需要考虑各项损耗因素,具体包括有形损耗、功能性损耗和经济性损耗等。

3.1.2 成本法的适用范围

由于成本法是从取得资产的角度来反映资产价值,因此要求被评估资产必须处于继续使用的状态下。而资产的继续使用不光反映了资产物理性条件下的一种存在的情况,同时反映了资产的一种经济性条件下的存在,即资产能够继续使用并且在这种继续的使用中能够为利益相关者带来一定的经济利益。因此,在使用成本法的时候,被评估资产必须处于继续使用或假定上的继续使用状态,同时该项资产的预期收益必须保证能够支持其重置和投入价值。

3.1.3 成本法的常用估值标准

3.1.3.1 账面价值

企业的账面价值是指企业现有的净资产,它反映的是历史的、静态的企业资产情况,并没有反映企业未来的获利能力。它没有考虑通货膨胀、资产的功能性贬值和经济性贬值等重要因素的影响。企业的账面价值难以反映企业的真实价值,因为账面价值往往不包含无形资产。

3.1.3.2 市场价值

市场价值标准是把资产视为一种商品,在市场上公开竞销,在供求关系平衡状态下确定的价值,它考虑到了市场价格的波动和供求关系的影响。对于上市公司而言,市场价值是指其股票的市场价格。在发达的资本市场国家,由于信息披露充分,市场机制相对完善,公司市值和企业价值具有较强的一致性。中国的股市公布出来的数据很难作为参考,往往距离实际太远,操作时要注意深入调查。

3.1.3.3 清算价值

清算价值是指企业停止经营,变卖所有的企业资产减去所有负债后的现金余额。这时的企业资产价值应是可变现价值,不满足持续经营假设。破产清算企业的价值评估不是对企业一般意义上价值的揭示,因而不具有通常意义上的企业所具有的价值。比如说上市公司,资不抵债仍然有企业愿意去接手,包括负债的包袱也愿意背上。这说明一个企业的资不抵债只是表面上的,其实内在价值还有许多可以挖掘的地方。

清算价值是指目标企业清算出售，并购后目标企业不再存在时其资产的可变现净值。绝大多数的企业在准备财务报表时都根据通用会计准则采用"持续经营"假设，即假定自己会无限期地经营下去。但是，当目标企业因为无法正常运营而不得不申请破产保护或即将破产倒闭的时候，它的价值就应该以清算价值为准。在计算清算价值时，企业的资产不再以公平市场价为准，而是以最可能出现的"拍卖价"来估算。即使是在并购目标为运营企业的交易中，清算价值也不是一个完全无足轻重的概念，因为收购方如果需要负债收购，银行在做贷款决定时也会充分考虑被收购企业的清算价值。

3.1.3.4 重置成本

重置资产法和账面价值法有相似之处，也是以企业的资产为基础的。但它不是用历史上购买资产的成本，而是根据现在的价格水平购买同样的资产或重建一个同样的企业所需要的资金来估算该企业的价值。

运用重置成本法，需要对资产账面价值进行适当的调整。在实际运用中，有两种调整方法：一是价格指数法，即选用一种价格指数，将资产购置年份的价值换算成当前的价值。价格指数法存在的最大问题是没有反映技术贬值等因素对某些重要资产价值带来的影响。二是逐项调整法，即按通货膨胀和技术贬值两个因素对资产价值影响的大小，逐项对每一资产的账面价值进行调整，以确定各项资产的当前重置成本。

3.1.4 成本法的优缺点分析

3.1.4.1 成本法的优点

第一，具有客观性，着眼于企业的历史和现状，不确定因素较少，风险较小，当目标企业缺乏可靠对比数据时，如果公允价值或重置成本能够合理估算，获利能力也与资产的市场价值或重置成本密切相关，那么这种方法就能近似地得到企业的价值。第二，能够很好地适应非上市公司的具体情况，在不同的经营状况和并购目的下，灵活地选择多种计价标准。第三，计算简便、直观易懂，评估结果可以具体到各个资产及负债的明细项目上，便于会计账务处理。第四，资料比较可靠，人为因素的干扰比较少。

3.1.4.2 成本法的缺点

第一，以企业拥有的单项资产为出发点，只是静态单项资产的简单加总，但是，企业的资产价值不是简单的单项资产之和，各单项资产组合在一起具有"1+1>2"的特性，也无法对资产重组的战略收益、形象收益、壳资源收益进行有效评估。第二，忽视了企业管理水平、职工素质、经营效率、商业信誉等无形因素对企业价值的影响。第三，无法评估并购所产生的协同价值和重组价值。第四，不能反映企业的未来盈利能力，特别是在企业资产整体获利能力较强的情况下，评估结果不具有说服力。

3.2 市场法

3.2.1 市场法简介

市场法也称相对估价法，在并购活动中是指通过比较被评估企业与市场类似企业的异同，并将类似的市场价格进行调整，从而确定被评估企业价值的一种估值方法。在对市场价格进行调整时，常常运用合适的乘数来评估目标企业的价值。估值乘数是一个"比率倍数"，它是指资产价值与其经营收益能力指标或其他特定非财务指标之间的比值。乘数通常是参照企业某一指标，如每股收益、现金流量、账面净值等的比率。该方法假设市场效率良好，发育完善，市场价格基本上反映了投资人对目标企业未来现金流量与风险的预期。

3.2.2 市场法的应用条件

第一，市场法应用需要有一个很完善并且交易量很大的资本市场。交易对象主要集中于各个比较成熟的企业和商品上,这样就有比较好的类比价格。同时要求交易对象具有信息的真实性和披露制度具有及时性。

第二,可比公司和我们要进行评估的公司或资产都有互相比较的指标、企业参数等资料。在我们运用市场法的时候,关键的问题是能否找到与评估目标同类的企业或资产。在实际中是几乎没有的。所以我们要做相应的指数调整和合并,这样就可以依据现有市场上的企业或资产进行风险的重新确定。

第三,存在一个充分发达活跃的证券交易市场,并且信息完整公开披露,股价能够正确地反映企业的真正价值。

第四,同行业的其他上市公司可以作为评估企业的可比较对象,且参照物与被评估资产可比较的指标、技术参数等资料是可以搜集到的。由此可见,市场法建立在发达的证券市场和存在相似的可比参照物的基础上。例如,市盈率法比较适用于那些经营状况稳定的企业。

3.2.3 市场法常用的估值乘数

在市场法的运用过程中,可以采用的乘数有很多,主要可以分为两类,即收益类乘数和资产类乘数。

收益类乘数主要包括市盈率(P/E)、市现率(P/CF)、公司价值/息税折摊前利润(EV/EBITDA)、市销率(P/S)等,资产类乘数包括市净率(P/BV)、企业价值/固定资产(EV/FA)、企业价值/总资产(EV/A)等。

下面主要介绍市盈率、公司价值/息税折摊前利润和市净率。

3.2.3.1 市盈率

市盈率也称本益比,它反映上市公司股票的市场价格与每股利润之比,是投资者密切关注的重要指标。市盈率的计算公式为:

市盈率=市值/总的净利润=每股价格/每股盈余

在企业并购估值过程中,市盈率适用于评估盈利相对稳定、周期性较弱的企业,如公共服务业行业的企业。不适用于以下企业:第一,周期性较强的企业,如一般制造业、服务业;第二,每股收益为负的公司;第三,房地产等项目性较强的公司;第四,银行、保险和其他流动资产比例高的公司;

第五，难以寻找可比性很强的公司。

3.2.3.2 公司价值/息税折摊前利润

公司价值/息税折摊前利润又称为获利能力价值乘数，在企业并购估值过程中，该乘数适用于充分竞争行业的公司、没有巨额商誉的公司。不适用于以下公司：第一，固定资产更新变化较快的公司；第二，净利润、毛利、营业利益均亏损的公司；第三，资本密集、准垄断或者具有巨额商誉的收购型公司；第四，有高负债或大量现金的公司。

3.2.3.3 市净率

市净率指的是每股股价与每股净资产的比率，计算公式为：市净率＝每股市价/每股净资产。

在企业并购估值过程中，市净率适用于评估拥有大量固定资产且账面价值相对稳定的企业或流动资产比率高的行业，不适用于账面价值的重置成本变动较快的公司和固定资产较少、商誉较多的服务业公司。

3.2.4 市场法的具体应用

3.2.4.1 参考企业比较法

参考企业比较法主要是通过对资本市场上存在的与目标企业处于相同或相似行业的上市公司进行财务及经营方面的数据分析，得出一定合适的价值比率，在与目标企业进行比较分析之后，得出目标企业的价值。具体方法如下：

（1）确定可比公司。在确定参考企业或公司时，可以从产品类型、产品结构、公司规模、盈利能力、成长性、资本结构等角度与市场上其他企业进行对比，常常选用的都是同一行业的上市公司。具体标准为：

可比公司在证券市场的上市时间不少于两年。在利用上市公司比较法评估企业价值时，需要知道可比公司相应的历史市场交易数据，所以在进行相应的统计时应该保证可比公司数据稳定可靠，为了排除上市初期对公司炒作的影响，在选择可比公司时应注意其在证券市场的上市时间，一般认为该期限应不少于两年。

可比公司与被评估企业有一样或者类似的业务并已持续两年以上。可比公司与被评估企业有一样或类似的业务是在利用上市公司比较法时保证可比性的基本要求，而要可比企业符合该业务持续两年以上，是为了减少或者避免可比企业由于资产重组等其他原因刚开始开展该业务带来的风险。

可比公司应与被评估企业的经营规模或业绩水平相似。在选择可比公司时要求可比公司与被评估企业经营规模或业绩水平相似是出于对投资者的考虑，不同规模的企业、盈利或亏损都会导致企业的投资风险不同，这种差异在利用上市公司比较法评估企业价值时是一项影响因素，为了使评估结果的误差更小，在选择可比公司时应将此因素考虑在内。

可比公司与被评估企业对未来增长率的预期具有一致性。该标准是为了使可比公司与被评估企业在未来有类似的成长性，这可以增强公司之间的可比性。但是对于未来增长率的预期可以使用一定的技术手段进行修正，所以该标准在进行可比公司的选择时可以放宽。

（2）确定估值乘数和价值驱动因素。对目标企业估值时我们常用的估值公式是：公司价值=价值驱动因素×乘数。乘数在上文中进行了介绍，具体的乘数有其相对应的价值驱动因素。例如，P/E乘数对应的价值驱动因素是净利润，公司价值/息税折摊前利润的价值驱动因素是息税折摊前利润，市净率的价值驱动因素是净资产。在实践中，市场法运用的基础是价值比率。在具体的估值活动中应根据企业所在行业和其自身的特点选取合适的估值乘数。

（3）对估值指标进行修正。在估值过程中，选定估值乘数之后，还需确定调整系数，计算调整后的价值比率平均值，以此计算被评估企业的股权价值。在估值乘数修正方面方法不一，但大致可以分为两种：一种是参考可比对象与被评估企业在盈利能力、运营能力等方面的差异进行量化调整；另一种是利用盈利基础价值比率调整。下面主要介绍一下前者。

在对可比对象进行量化调整时，需要根据企业的具体情况来确定适合企业的调整指标。一般情况下，可比对象的调整对象主要包括以下几个方面（见表3-1）：

表 3-1 可比对象的指标选择

盈利能力	销售净利率、营业利润率、主营业务净利率、总资产报酬率、净资产收益率、主营业务收入
运营能力	总资产周转率、流动资产周转率、总资产、净资产
偿债能力	资产负债率、速动比率、流动比率、风险控制能力
成长能力	营业收入增长率、资本扩张率、股东权益增长率

在实际评估中，评估机构通常从盈利能力、运营能力、偿债能力和成长能力四个方面对被评估企业与可比企业间的差异进行量化，然后选取合适的具体财务指标作为评价可比公司及被评估企业的因素，计算得出各公司相应的指标数据。在指标修正基础上，将各可比公司及被评估企业各项财务指标与上市公司绩效评价标准值进行比较，计算相应得分，并结合各指标权重，计算得出各公司总分值，将分值与被评估企业对比，得出各可比企业的估值乘数的调整系数，计算调整后的估值乘数平均值，以此计算被评估企业的股权价值。

（4）估算企业价值。在指标修正基础上，目标企业价值=价值驱动因素×修正后的乘数。如利用市净率指标，目标公司企业价值=修正市净率×目标企业净资产。

3.2.4.2 交易案例比较法

交易案例比较法是通过分析与目标企业处于相同或相似行业的企业买卖、并购案例中存在的数据资料，得出一定合适的估值乘数，在与目标企业进行比较分析之后，得出目标企业的价值。

（1）确定可比交易案例。在选择可比对象时应综合考虑以下标准：

第一，经营业务相同或相似。要求可比对象的经营业务与被评估企业相同或相似是要求资产功效相同或相似，这是选择可比对象所必需的。

第二，成交日期与评估基准日相近。对于非上市公司的并购交易日期可能不是被评估企业的评估基准日，因此会存在由于上述两个日期差异所产生的交易价格差异，因此为了便于对比，在选择交易案例比较法的可比对象时，应该尽量选择成交日与评估基准日相近。

第三，交易案例的控制权状态与被评估资产的控制权状态相同。在选择对比交易并购法的可比对象时应该考虑到对比案例的控制权或少数股权的状态，也就是说，选择的可比对象交易案例的控制权或少数股权的状态应该与被评估目标资产的控股权或少数股权的状态相同。

（2）估值乘数与修正。与参考企业比较法一致的是交易案例比较法同样需要确定相应的估值乘数，并对其进行修正。

交易案例比较法价值比率主要受以下因素的影响：

第一，交易条款。交易条款是指在并购交易时所附带的一些条件，而这些条件很有可能会对最终的交易价格产生一定的影响，这也是和上市公司比较法不同的地方。

第二，交易方式。企业之间的并购方式通常有两种，即协议方式和公开交易方式，这两种交易方式在成交价格上会有一定的差异。通常来说，公开交易方式可以更加透明公开地产生最终的交易价格，但这并不一定是市场价格，有可能只是针对特定投资者的投资价值。而协议方式达成的交易价格则可能会有很多影响价格公允性的因素存在。

第三，交易时间。在采用上市公司比较法时，由于可比对象的交易价格是每日发生的，因此，可以通过选择交易日使可比对象的交易价格与评估基准日完全相同或非常相近。但交易案例比较法中可比对象的交易日期一般与评估基准日都存在一定时间差异，在选择可比对象时应当尽量选择与评估基准日较近成交的案例，但也不能保证可比对象交易日与评估基准日能够充分接近，这样就会有一个时间间隔。

从理论上说，上述因素对交易案例比较法可比对象的交易价格都存在影响，因此对估值乘数也会产生影响，应该进行必要的修正。对于有资料表明存在交易附加条款的或者有交易不公允的案例，可将其删除。另外一种修正方式就是选择尽可能多的可比对象，充分稀释个别可比对象中由于交易条款和交易方式所产生的影响。

3.2.5 市场法的优缺点分析

3.2.5.1 市场法的优点

第一，操作简便，容易使用，容易得到股东的支持。第二，从投资的角度看，它提供了整个市场目前对企业价值的评估信息，包括整体市场、行业和行业内单个企业的估值信息。第三，从统计的角度总结出相类似企业的财务特征，得出的结论有一定的可靠性。

3.2.5.2 市场法的缺点

第一，不能很好、很准确地找到几乎一样的可比公司，因为任何两个企业只能是营业额和行业相同，但是企业的经营管理体制和产品核心优势等是完全不同的，所以盈利能力几乎完全不同。第二，只能说明可比企业之间的相对价格高低，对于这些企业的绝对值是否全部被低估或高估则无法判断。第三，无法确定能够全面反映企业价值的价值尺度或参数。第四，我国的证券市场仍处于发展阶段，还属于不成熟的阶段，股票价格波动过大，市场操纵痕迹较大，会计信息披露不规范，而且在实际中很难找到和目标企业完全相似的参照物，因此在实务中该方法的运用十分有限。

3.3 收益法

3.3.1 收益法简介

收益法也称为收益现值法，是根据企业的现有收益预测企业的未来收益，然后依据贴现率折成现值的一种企业评估方法。收益法对于一个企业的资产进行评估主要是分析该企业资产的未来收益所转化成当期的现值。当一个企业并购或股权投资一个目标企业的时候，购买资产或企业所付的代价不应高于该项资产或具有相似风险因素的同类资产未来收益的现值。

3.3.2 收益法使用条件和范围

收益法通常是在持续经营的条件下使用，所以应用收益现值法评估资产或企业必须具备以下条件：第一，被评估目标一定要建立在经营性资产基础上，同时必须具有持续经营和获利能力。第二，被评估目标企业一定是能够用货币来衡量的，同时衡量的目标对象一定是其未来收益，也就是未来自由现金流。第三，经营风险也必须能够用货币衡量。

3.3.3 收益法的具体方法

3.3.3.1 现金流量折现法

收益法中的主要方法是现金流量折现法。

（1）评估思路。现金流量折现法是通过估测被评估企业未来预期现金流量的现值来判断企业价值的一种估值方法。其从现金流量和风险角度考察企业的价值。第一，在风险一定的情况下，被评估企业未来能产生的现金流量越多，企业的价值就越大，即企业内在价值与其未来产生的现金流量成正比；第二，在现金流量一定的情况下，被评估企业的风险越大，企业的价值就越低，即企业内在价值与风险成反比。

（2）基本步骤。第一，分析历史绩效。对企业历史绩效进行分析，其主要目的就是要彻底了解企业过去的绩效，这可以为判定和评价今后绩效提供一个视角，为预测未来的现金流量做准备。历史绩效分析主要是对企业的历史会计报表进行分析，重点在于企业的关键价值驱动因素。

第二，确定预测期间。在预测企业未来的现金流量时，通常会人为确定一个预测期间，在预测期后现金流量就不再估计。期间的长短取决于企业的行业背景、管理部门的政策、并购的环境等，通常为5~10年。

第三，预测未来的现金流量。在企业价值评估中使用的现金流量是指企业所产生的现金流量在扣除库存、厂房设备等资产所需的投入及缴纳税金后的部分，即自由现金流量。用公式可表示为：

自由现金流=（税后净营业利润+折旧摊销）-（资本支出+营运资金增加额）

需要注意的是，利息费用尽管作为费用从收入中扣除，但它是属于债权人的自由现金流量。因此，只有在计算股权自由现金流时才扣除利息费用，而在计算企业自由现金流量时则不能扣除。

第四，选择合适的折现率。折现率是指将未来预测期内的预期收益换算成现值的比率，有时也称资金成本率。通常，折现率可以通过加权平均资本成本模型确定（股权资本成本和债务资本成本的加权平均）。

3.3.3.2　内部收益率法（IRR）

内部收益率就是使企业投资净现值为零的那个贴现率。它具有 DCF 法的一部分特征，实务中最经常被用来代替 DCF 法。它的基本原理是试图找出一个数值概括出企业投资的特性。内部收益率本身不受资本市场利息率的影响，完全取决于企业的现金流量，反映了企业内部所固有的特性。

但是内部收益率法只能告诉投资者被评估企业值不值得投资，却并不知道值得多少钱投资。而且内部收益率法在面对投资型企业和融资型企业时其判定法则正好相反：对于投资型企业，当内部收益率大于贴现率时，企业适合投资；当内部收益率小于贴现率时，企业不值得投资；融资型企业则不然。

一般而言，对于企业的投资或者并购，投资方不仅想知道目标企业值不值得投资，更希望了解目标企业的整体价值。而内部收益率法对于后者却无法满足，因此，该方法更多地应用于单个项目投资。

3.3.3.3　自由现金流量模型（FCFF 模型）

自由现金流量模型的原理为：首先通过用资本加权平均成本贴现公司自由现金流量，即得到并购公司的公司价值V_a和被并购公司的公司价值V_b；再通过考虑并购后协同效应对公司自由现金流、企业增长率及资本成本的影响，用 FCFF 模型计算出并购后目标公司的公司价值V_m；最后计算出并购中由于协同效应所带来的协同价值V_s。用公式表示为 $V_s = V_m - (V_a - V_b)$。

其中每一个数值都通过 FCFF 模型计算，假设在规定的高速增长期之后的现金流量将永远按其能够维持的稳定增长率增长，FCFF 模型用公式表示为：

$$V_i = \sum_{t=1}^{n} \frac{FCFF_t}{(1 + WACC_t)^t} + \frac{TV_i}{(1 + WACC_i)^n}$$

3.3.3.4　股利贴现模型

该模型认为，股票收益由持有股票期间的股利和持有股票期末的预期股票价格决定，而期末的价格由股票未来股利决定，因此股票当前价值应等于无限期股利的现值之和。这一模型的理论基础是现值原理：任何资产的价值等于预期未来全部现金流的现值和。其用公式表示如下：

$$P_0 = \sum_{t=1}^{\infty} \frac{D_t}{(1+r)^t}$$

其中，D_t 为 t 期每股预期股利；r 为股票的要求收益率。

由于不可能对现金股利做出无限期的预测，所以人们根据对未来股利增长率的不同假设构造出了几种不同的股利贴现模型。

(1) 零增长模型。假设 $D_t = D_{t-1}$（t = 1, 2, …），得出理论价值 $P = \frac{D_0}{r}$，其中，D_0 为当期的股利。

(2) 固定增长模型。假设 $D_t = D_{t-1}(1+g) = D_0(1+g)^t$（t = 1, 2, …），得出理论价值 $P = \frac{D_0(1+g)}{r-g}$，其中，r 是要求报酬率，g 是预计的股利及盈余增长率（假设股利支付率为固定值）。该模型的前提是增长率 g 在可预见的未来是一个固定值，而且 r>g。

在使用该公式时，我们应该注意"稳定的股利增长率"的选择问题。我们注意到，公式中，当模型选用的增长率收敛于贴现率时，计算出的价值会变得无穷大。这时估算出的结果肯定是不准确的。那么怎样的增长率才是合理的"稳定"增长率呢？如果估价是以名义价格（实际价格）表示的，则公司稳定增长率不可能高于宏观经济名义（实际）增长率。经济名义增长率是由预期的通货膨胀率和 GNP 的实际增长率决定的，即预期名义增长率=预期通货膨胀率+预期实际增长率。

由于公司价值对增长率具有非常大的敏感性，对大多数公司来说，永续增长模型是不适用的，而公司以一个与名义经济增长率相当或稍低的速度增长，公司已制定好了红利支付政策且这一政策将持续到将来或对于在生命周期中处于成熟期的公司来说，持续增长假定是合理的。

(3) 两阶段增长模型。当预计增长模式不适于采用永续增长模型时，可以通过修改固定增长模型中股利增长率来计算公司股票的价值，不同的增长模型都是建立在增长率的不同变化的假设之上的。其中，两阶段增长模型假设增长率经历了增长率持续 n 年的超常增长时期和随后的稳定增长时期这两个时期,在稳定阶段中公司的增长率平稳,并预期长期保持不变。根据以上这些假设,股票的价值等于超常增长阶段股票股利的现值与期末股票价格的现值之和,其模型为:

$$P = \sum_{t=1}^{T} \frac{D_t}{(1+r)^t} + \frac{D_{T+1}}{(r-g)(1+r)^T}$$

(4) H 增长模型。H 模型也是两阶段增长模型,但与传统的两阶段增长模型不同,H 模型初始阶段的增长率不是常数,而是随时间线性下降的,直至到达稳定阶段的增长率水平。这个模型是由 Fulle 和 Hsia 于 1984 年提出的。模型依据的假设是:收益增长率是以一个很高的初始水平开始,在整个超常增长阶段按线性下降(假定持续时间为 2H),一直降到稳定增长率。它还假定股利支付率不随时间发生变化,且不受增长率变化的影响。该模型为:

$$P_0 = \frac{D_0(1+g_n)}{r-g_n} + \frac{D_0(g_1-g_n)H}{r-g_n}$$

其中,P_0 为当前公司每股股票的价值;D_t 为第 t 年公司的支付股利;r 为股权投资者要求的市盈率;H=(A+B)/2,A 是第一阶段的年份数,B 是第二阶段的最后一年的年份数;g_1 为初始的增长率;g_n 为初始增长率在整个超常增长阶段(假定长达 2H 年)线性减少后达到稳定的增长率。

H 模型部分地解决了有关增长率从较高水平陡然下降到稳定水平的问题,该模型适用于下列公司:公司当前的增长率较高,但当公司规模越来越大时,公司逐渐丧失竞争优势,预期增长率将随时间逐渐下降。然而红利支付率是常数的假设使它不适用于在当前股利很低或不支付股利的公司,高增长率和高股利支付率的要求使 H 模型的应用范围很有限。

(5) 三阶段增长模型。鉴于传统两阶段模型和 H 模型的一些制约条件,为了合理估计公司价值,根据增长率的不同特点,三阶段模型应运而生。三阶段股利贴现模型结合了两阶段模型和 H 模型的特点。它将公司初始的超常增长阶段到最后的稳定增长阶段融入了一个增长率不断下降的过渡阶段。该模型没有对公司的股利支付率强加任何限制,所以它是最普遍使用的股利贴现模型。由于该模型由三个各具特点的增长率组成,因而股利支付率通常在超常增长阶段很低,在过渡阶段逐步提高,而在稳定增长阶段最高。公司股票的价值是高增长阶段、过渡阶段的预期红利的现值与最后稳定增长阶段开始时的最终价格的现值和。用公式表示为：

$$P_0 = \sum_{t=1}^{n_1} \frac{EPS_0(1+g_a)^t \times \prod a}{(1+r)^t} + \sum_{t=n_1+1}^{n_2} \frac{D_t}{(1+r)^t} + \frac{EPS_{n2}(1+g_n) \times \prod n}{(r_n - g_n)(1+r)^n}$$

其中，EPS_t 为第 t 年的每股净收益；D_t 为第 t 年的每股红利；g_a 为超常可增长阶段的增长率（持续时间为 n_1）；g_n 为稳定增长阶段的增长率；$\prod a$ 为超常增长阶段的股利支付率；$\prod n$ 为稳定增长阶段的股利支付率；r 为超常增长阶段的股权资本要求收益率；r_n 为稳定增长阶段的股权资本要求收益率。

该模型的灵活性使它适用于任何一家增长率随时间改变的同时，其他指标尤其是股利支付政策和风险也将发生改变的公司。

3.3.3.5 真实收益现金流估值模型

本书基于自由现金流贴现模型和股利贴现模型进行综合评判，同时联系国内资本市场实际，提出了真实收益现金流（TEATC）估值模型。基本模型如下：

$$V = \sum_{i=1}^{n} \frac{TEATC_i}{(1+K)^i}$$

其中，V 为公司内在价值；TEATC 为真实收益现金流；K 为综合折现率；i 为年份；$n \to +\infty$。

（1）真实收益现金流的确定。真实收益现金流为该模型的最大创新和核心要点。它是基于自由现金流估值模型和沃伦·巴菲特提出的真实收益概念，并结合国内估值理论和实践探索而提出的，具体公式为 TEATC = EAT + C1 − C2 − C3。其中，EAT 为公司年度报告中的税后净利润。C1 为近三年平均折旧费用+近三年平均长期待摊费用摊销+近三年平均其他非现金费用。其中，折旧费用包括公司固定资产及投资性房地产的折旧费用；长期待摊费用摊销包括公司商誉等无形资产的摊销；其他非现金费用包括除前面两项外，公司其他的非付现费用。该部分数据可通过公司年度报告数据计算得到。C2 为近三年的平均资本支出，指的是公司为维护其长期竞争地位而用于厂房、设备等固定资产、无形资产及长期待摊费用的近三年的平均资本支出，可通过年度报告数据计算得到。C3 为近三年平均的其他战略性超额流动资金支出或占用，指的是公司为维护其长期竞争地位和有竞争力的产能规模而需要的超额流动资金,可根据公司具体情况,参考年度报告数据测算获得。通常大部分公司不需要超额流动资金,可忽略本项内容。

(2) 真实收益现金流增长率的确定。为了确定每年的 TEATC,本书引入增长率（g）,用于预测公司未来的真实收益现金流。在实务中,可分 3~4 个阶段进行预测。以常见的 3 个阶段为例:1~5 年的增长率为g_1;6~10 年的增长率为g_2;10 年以后增长率为g_3。该参数的具体年份和阶段可根据公司实际情况进行调整。

该模型中,综合折现率（K）是在综合了前文的几个主要估值模型折现率,并综合考虑了中国经济在未来很长时间内仍将保持较高的增长水平、中国的通货膨胀率及将会面临的公司经营风险的基础上得出的综合指标,计算公式为 $K = K1+K2+K3$。

其中,K1 为近五年国内长期国债利率的平均水平;K2 为过去十年国内的平均通货膨胀率;K3 为预期未来十年个别公司的风险溢价。

真实收益现金流估值模型具有以下几个优点:估值基于公司真实收益(并且是转化为现金流入的真实收益),有效避免了国内估值乐观时过高、悲观时过低、波动极大的最大弊端;在确定增长率和综合折现率时,考虑了公司经营风险,特别是随着中国经济增速放缓及对外开放不断扩大,公司未来经营风险将不断上升的现实。并考虑了经营者道德风险对公司估值的影响;在确定综合折现率时,更深入考虑了未来通货膨胀对估值的重要影响。

3.3.3.6 完全市场下风险资产价值评估的资本资产定价模型（CAPM）

CAPM 模型最初的目的是对风险资产（如股票）进行估价。但股票的价值在很大程度上取决于购进股票后获得收益的风险程度,其性质类似于风险投资,两者都是将未来收益按照风险报酬率进行折现。因此 CAPM 模型在对股票估价的同时也可以用来决定风险投资项目的贴现率。

资产的期望收益率取决于无风险收益率、市场组合收益率和相关系数的大小。其中,无风险收益率是投资于最安全资产,比如存款或者购买国债时的收益率;市场组合收益率是市场上所有证券品种加权后的平均收益率,代表的是市场的平均收益水平;相关系数表示投资者所购买的资产跟市场整体水平之间的关联性大小。所以,该方法的本质在于研究单项资产跟市场整体之间的相关性。

CAPM 模型的推导和应用是有严格前提的，对市场和投资者等都有苛刻的规定。在中国证券市场有待继续完善的前提下，CAPM 模型的应用受到一定的限制，但是其核心思想却值得借鉴和推广。

3.3.3.7 剩余收益估值模型（RIM）

剩余收益模型又被称为 EBO 模型，最早是由爱德华兹（Edwards）和贝尔（Bell）于 1961 年提出来的。[①] 1995 年美国学者奥尔森（Ohlson）在其文章《权益估价中的收益、账面价值和股利》中对这个方法进行了系统的阐述，建立了公司权益价值与会计变量之间的关系。所谓剩余收益，是指公司的净利润与股东所要求的报酬之差。[②] Garman 和 Ohlson（1980）批评了前期的一些估值模型过于严格的假设，而且认为在均衡市场条件下以资本资产定价模型得到的股价作为会计数据进行研究并不恰当。他们共提出七个基本假设，其中包括"无套利经济"假设，该假设也为日后 1995 年 Feltham 和 Ohlson 的剩余收益模型奠定了基础，在企业持续经营的假设下，推导出资产价值由未来股利折现价值决定的线性估价模型。[③] Garman 和 Ohlson（1981）考察了存在交易费用条件下无套利经济下风险资产的价值，比较了非完全竞争市场和完全竞争市场下的结果，在"捏造因素"下内生价格系统用来描述估价结果。Ohlson（1989）在《会计与经济》中分析并延伸了 Beaver、Lambert 和 Morse（1980）提出的 BLM 模型，认为 BLM 模型并不能在资本化公式中确定折现因子，因为折现因子会受到利息率、风险、股利支付、收益增长及会计处理方法的影响，认为该模型将会计盈余仅作为一种信号而不是与公司价值有明确关系的经济变量，同时其解释变量"未整理的盈余"与预期股利之间并无多大区别。[④] Ohlson（1990）得到主要结论认为：基本的理论均来自无套利条

[①] Edwards E., Bell P. The Theory and Measurement of Business Income [M]. University of California Press Berkeley, 1961.

[②] James A. Ohlson. Earnings, Book Values, and Dividends in Equity Valuation [J]. Contemporary Accounting Research, 1995, 11 (2): 661-687.

[③] Garman M., Ohlson J. Information and the Sequential Valuation of Assets in Arbitrage-free Economies [J]. Journal of Accounting Research, 1980, 18 (2): 420-440.

[④] James A. Ohlson. Ungarbled Earnings and Dividends: An Analysis and Extension of the Beaver, Lambert, and Morse Valuation Model [J]. Journal of Accounting & Economics, 1989 (11): 109-115.

上市公司并购重组的估值方法及案例研究：基于环保企业的视角

件；股价由股利折现价值决定；如果现金流量资本化，需要额外的假设；在不确定性条件下存在纯利润的理论缺乏实体性。而且其明确提出只有基于未来股利折现的估价模型才是合理的，可以作为经验研究的基础。[①] Ohlson (1991) 根据 Ball 和 Brown (1968) 的研究评论了非预期收益研究的缺陷，同时分析了会计盈余对股价的经济含义。Ohlson 使用了 Hicksian 的经济盈余理论，即均衡市场里本期盈利等于期初公司价值乘以无风险利率，而与股利政策无关，推出市盈率的理论均衡值应等于"无风险利率的倒数加1"，进而推导出收益作为首要回报的解释变量，但该文章并未真正构建出会计估价模型。[②] 以上几篇 Ohlson 的论文为日后 Feltham 和 Ohlson (1995) 的剩余收益模型的形成奠定了基础，Ohlson 和 Feltham (1995) 的《权益估价中的盈余、账面价值及股利》被认为是会计研究从信息观转向计量观的重大突破，使以市场为基础的会计研究目标从解释股价行为转向预测、计量和估价，同时也促使 Beaver (1996) 将会计研究分为基于"信息观"（Informational Perspective）的研究和基于"计量观"（Measurement Perspective）的研究两大类。[③] 而当代计量观肯定了会计数据在企业价值评估或市场定价中所起的直接作用，同时也肯定了应计会计下的会计数据对企业价值的计量属性。

剩余收益的基本观点认为，企业只有赚取了超过股东要求的报酬的净利润，才算是获得了正的剩余收益；如果只能获得相当于股东要求的报酬的利润，仅仅是实现了正常收益。剩余收益模型使用公司权益的账面价值和预期剩余收益的现值来表示股票的内在价值。在考虑货币时间价值及投资者所要求的风险报酬情况下，将企业预期剩余收益按照一定的贴现率进行贴现以后加上当期权益价值就是股票的内在价值。基本计算公式为：

$$RI_t = (CI_t - K_e BV_{t-1})$$
$$= BV_{t-1}(CI_t / BV_{t-1} - K_e) \tag{3-1}$$
$$= BV_{t-1}(ROE_t - K_e) \tag{3-2}$$

[①] James A. Ohlson. A Synthesis of Security Valuation Theory and the Role of Dividends, Cash Flows, and Earnings [J]. Contemporary Accounting Research, 1990, 6 (2): 648-676.

[②] James A. Ohlson. The Theory of Value and Earnings, and an Introduction to the Ball-Brown Analysis [J]. Contemporary Accounting Research, 1991, 8 (1): 1-19.

[③] James A. Ohlson. Valuation and Clean Surplus Accounting for Operating and Financial Activities [J]. Contemporary Accounting Research, 1995, 11 (2): 689-731.

其中，RI_t 为公司第 t 期的剩余收益；CI_t 为公司第 t 期的综合收益；BV_{t-1} 为期初股东投入资本；K_e 为股东权益资本成本率；ROE_t 为第 t 期的权益净利率。

会计期间为 t（t>1）时公司的价值为：

$$V_t = BV_0 + RI_1/(1+K_e) + RI_2/(1+K_2)^2 + \cdots + RI_t/(1+K_e)^t + (P_t - BV_t)/(1+K_e)^t \tag{3-3}$$

在企业持续经营假设下，即 t 趋于无限时，公司的现时价值为：

$$V = BV_0 + \sum_{t=1}^{\infty} RI_t/(1+K_e)^t \tag{3-4}$$

式（3-3）就是推导得出的剩余收益估价模型，根据式（3-4）我们知道要计算公司的价值就要先算出未来的剩余收益，而其根据式（3-2）中的股东权益资本成本率进行测算则比较方便，所以剩余收益的计算主要取决于权益净利率 ROE 和对未来每一期的净资产账面价值 BV 的计算，而后两者都是杜邦财务分析体系中涉及的财务指标，所以我们可以利用杜邦财务分析体系分解财务指标的思想来计算剩余收益，对 RIVM 进行拓展。

$$\begin{aligned} ROE_t &= CI_t/BV_{t-1} = (CI_t/A_t) \times (A_{t-1}/BV_{t-1}) \\ &= ROA_t \times EM_{t-1} \\ &= (CI_t/S_t) \times (S_t/A_{t-1}) \times (A_{t-1}/BV_{t-1}) \\ &= ROS_t \times ATO_t \times EM_{t-1} \end{aligned} \tag{3-5}$$

$$BV_{t-1} = S_t \times (A_{t-1}/S_t) \times (BV_{t-1}/A_{t-1}) = S_t \times (1/ATO_t) \times (1/EM_{t-1}) \tag{3-6}$$

把式（3-5）和式（3-6）代入式（3-2）中可以得到剩余收益的拓展公式如下：

$$RI_t = S_t \times (1/ATO_t) \times (1/EM_{t-1}) \times (ROS_t \times ATO_t \times EM_{t-1} - K_e) \tag{3-7}$$

其中，A_t 为第 t 期的总资产；S_t 为第 t 期的销售收入；ROA_t 为第 t 期的资产周转率；ROS_t 为第 t 期的销售利润率；ATO_t 为第 t 期的总资产周转率；EM_{t-1} 为第 t-1 期的权益乘数。由此可见，RIVM 构建的出发点是其认为股东的财富来源于价值创造，这比 DDM 将股东的财富视为企业价值的分配的观点要合理些，而且利用杜邦财务分析体系可以把 RI 指标分解为更基础、更可靠的财务指标，使 RIVM 在实际应用中能充分利用财务会计信息进行企业价值评估。

上市公司并购重组的估值方法及案例研究：基于环保企业的视角

  剩余收益估价模型中所使用的剩余收益直接从账面股权价值与账面会计收益中算出，不要求做会计调整，但要求账面价值与会计收益之间是一种干净盈余关系，即账面价值的所有变动（与所有者之间的资本交易除外）都应先计入会计收益，不允许有未经利润表而直接进入所有者权益的项目。如果把收益不放在利润表中报告，而放在股东权益变动表中报告，则股东权益的账面价值和会计收益之间存在不干净盈余关系，需要把传统的净利润调整为综合收益，然后以调整后的净利润和股东权益的账面价值为基础计算剩余收益。

  陈信元、陈冬华和朱红军（2002）运用 Ohlson 剩余收益定价模型考察了证券市场 1995~1997 年会计信息的价值相关性，主要研究了剩余收益、收益和净资产三个变量对股价的解释能力。结果发现，收益、净资产及剩余收益指标都具有价值相关性，并且各指标相互之间也具有增量价值相关性。但市场对剩余收益的定价乘数低于收益的定价乘数，表明市场可能认识到剩余收益作为非正常收益，持续性较差。同时，分年度的检验结果表明，会计信息的解释能力随检验年份不同而不同。[①] 郭旭芬和熊剑（2003）采用 Ohlson 的价格模型对 1998~2002 年深沪两市上市公司股票价格和上市公司每股净资产、每股收益的关联性进行了实证研究。结果发现，每股收益和每股净资产的回归系数均高度显著，两者联合能解释股价变动的 20.98%，同时还发现每股收益的价值相关性显著下降而每股净资产的价值相关性却有所提高，但两者共同对股价的解释力呈逐年增强的趋势。总体来说，中国股票市场上的会计信息还是具有价值相关性的。[②] 于渤和高印朝（2005）运用 Ohlson 剩余收益定价模型，考察了 1999 年以来中国上市银行股票市场定价与会计信息的价值相关性，主要研究了剩余收益和净资产两个变量对股价的解释能力。研究结果显示，上市银行的会计信息对其股价有显著的解释能力，净资产、剩余收益、不良贷款率和资本充足率都具有价值相关性；股票价格和净资产、剩余收益、不良贷款率和资本充足率呈正相关；不良贷款率和股票价格呈正相关且对股

---

  ① 陈信元，陈冬华，朱红军. 净资产、剩余收益与市场定价：会计信息的价值相关性 [J]. 金融研究，2002（4）：59-70.
  ② 郭旭芬，熊剑. 中国股票市场会计信息是否价值相关？[J]. 广东商学院学报，2003（6）：53-57.

票价格影响最大;净资产和剩余收益对会计收益拥有全部股价解释能力。①

综上所述,Ohlson 和 Feltham(1995)的模型为研究人员提供了企业估价的重要工具,在模型中,会计数据不再是作为估价的信号,而是直接作为估价的变量,由此在会计数据与企业价值评估之间建立起了直接的联系。在剩余收益模型中采用会计数据进行企业价值评估,除要求满足净剩余关系外,对会计原则和处理方法并无严格的要求,因而具有广泛的适用性。从已有的文献来看,大多数研究都集中在未来股票收益和公司价值的未来预测上。

剩余收益估价理论的出现打破了以往企业价值评估中难以将会计数据与企业价值相结合进行研究的沉闷局面,采用了基本分析的研究方法建模,将会计数据合理融入企业价值的评估中,同时也为基本分析研究构建了理论框架。第一,剩余收益模型使用资产负债表和损益表中最具综合性的会计数据——净资产账面值和盈余。剩余收益模型明确了会计数据在企业估价中的作用,会计数据作为决定企业价值的变量被直接纳入到企业估价模型中,这也使在会计数据与企业价值之间建立了确定性的数量关系架构。第二,剩余收益模型使一些财务指标,例如市盈率、市净率、权益报酬率及每股净资产等都会对企业价值产生预测能力,这将企业的财务分析与企业价值的计量密切结合在一起,从而为预测提供了方便。第三,剩余收益模型采用会计数据进行企业价值评估,除要求满足净剩余关系外,对会计原则和处理方法并无严格的要求,因而具有广泛的适用性。剩余收益模型通过账面价值的改变反映股份买卖的改变,以及其他形式的现金支付。第四,剩余收益模型将企业价值与未来收益联系起来,体现出了企业财富增长的驱动要素。企业只有产生较好的收益并超过资本成本,企业价值才能真正实现提升,促使企业更加注重财富的创造。Ohlson 的剩余收益定价模型重新定位了会计信息与企业价值之间的关系,该模型使用净资产和预期剩余收益衡量企业基本价值,净资产体现的是企业经营成果的历史积累,预期剩余收益体现的是企业发展潜力,这是对传统简单线性关系的一种修正,更具有理论上的合理性。因此,未来的研究可放在关于模型的扩展及假设的验证上。并且从已有文献来看,大多数研究都集中在未来股票收益和公司价值的未来预测上,几乎没有关于解释

---

① 于渤,高印朝. 银行股票市场定价与会计信息的价值相关性研究[J]. 金融研究,2005(6):67-71.

股票价格和公司内在价值关系的研究,因此未来可以选择相应财务指标及定价模型计算的企业价值共同考察对我国证券市场股票价格的相关影响。

3.3.3.8 威斯通模型

美国加利福尼亚大学伯克利分校的弗雷德·威斯通(Fred Weston)教授等(威斯通、郑光和侯格,1998;韦弗,2003;威斯通、米切尔和马尔赫林,2006)结合企业并购的实际情况,提出了基于不同增长方式对企业价值影响的四种模型,在企业并购估值方面具有代表性。在这四种模型中,固定增长模型对未来自由现金流的假设最为简单,但它具有理论分析上的便利性;暂时超常增长而后无增长模型应用最为广泛。威斯通的暂时超常增长而后无增长估价模型为:

$$V_0 = R_0[m(1-T)-I]\sum_{t=1}^{n}\frac{(1+g)^t}{(1+k)^t} + \sum_{t=n+1}^{\infty}\frac{R_0(1+g)^n[m(1-T)]}{(1+k)^t}$$

$$= R_0[m(1-T)-I]\sum_{t=1}^{n}\frac{(1+g)^t}{(1+k)^t} + \frac{R_0(1+g)^n[m(1-T)]}{k(1+k)^n}$$

其中,V_0为当前企业价值R_0为第0期(即上期)销售收入;m、T为营业利润率和税率;I为再投资率;g为销售收入增长率;k为平均加权资本成本;n为超常增长的时期数。在威斯通模型中,自由现金流量定义为:

$$FCF_t = R_t[m(1-T)-I_t]$$

3.3.4 收益法的优缺点

3.3.4.1 收益法的优点

第一,把目标企业作为整体进行评估,比较全面地反映了公司的基本情况和获利能力,有利于对企业的经营情况进行统筹兼顾、全面把握。第二,考虑了时间和风险的因素,并在此基础上将预期的现金流量折现成现值。第三,现金流量这一指标不像利润等指标那样受到会计政策、会计评估、会计准则及非常事项等因素的影响,不太容易被操纵,通常能客观地体现企业的内在价值。第四,当它与其他估值模型一起使用时,该方法所得出的结果往往是检验其他方法合理与否的基本标准。

3.3.4.2 收益法的缺点

第一,要准确预测未来的财务情况是非常困难的,特别是未来的现金流量只能依靠公开信息进行预测。第二,该方法的运用需要许多严格的前提条件,如资本市场的效率、企业经营环境和战略的稳定。第三,不易把握预测期限的时间跨度,一般的预测期为一年,这个期限设定较为笼统。第四,贴现率难以确定。

3.3.5 收益法内各方法的比较

3.3.5.1 股利折现模型与现金流折现模型的比较

从理论上讲,股利折现方法可以归入现金流折现方法,因为股利也可以看作归属于股东的现金流量,只不过股利是股东得到的实际现金流量,而权益现金流量则是归属于股东的理论现金流量,由于受留存收益再投资和股利政策的影响,归属于股东的理论现金流量和实际现金流量并不相同。

然而,尽管股利折现模型和现金流折现模型极为相似,但是两者之间却有着本质的区别:股利折现模型是从收益分配的角度对企业价值进行评估;而现金流折现模型则是从企业价值创造的角度进行评估。为了便于比较,我们把股利折现模型和权益现金流折现模型的一般形式重新列示如下:

$$V = \sum_{t=1}^{\infty} \frac{DPS_t}{(1+K_e)^t} \quad (3-8)$$

其中,V 为股票价值,DPS_t 为第 t 年每股预期股利,K_e 为权益资本成本。

$$V = \sum_{t=1}^{\infty} \frac{FCF_t}{(1+K_e)^t} \quad (3-9)$$

其中,V 为股票价值,FCF_t 为每年预期权益现金流,K_e 为权益资本成本。权益现金流是在满足了企业所有的财务需求之后的剩余现金流量:如果为正值,企业管理当局可将此现金流量以股利的形式支付给股东;如果为负值,则为了企业的持续发展,必须募集新的股权资本。从权益现金流的定义可知,权益现金流就是股东的剩余索取权,从理论上可以全部以股利的形式发放给股东。当权益现金流全部发放给股东的时候,式(3-8)与式(3-9)完全相同。但是,受公司股利政策的影响,式(3-8)中的股利与式(3-9)中的权益现金流量总是不一致的,有时候可能会相差很大。因此,从理论上讲,只有当股利支付额和权益现金流量高度接近时,股利折现模型得出的结果才是正确的,因为这时股利折现模型可近似地视为权益现金流折现模型。投资者购买股票的目的是获取持有期间的股利收入和持有期末出价股票获取的资本利得,所以,规范的股利折现模型应该表示成式(3-10)的形式。式(3-10)无论从理论上,还是从直观上无疑都是正确的。

$$V = \sum_{t=1}^{T} \frac{DPS_t}{(1+K_c)^t} + \frac{P_T}{(1+K_c)^T} \qquad (3-10)$$

其中,V 为当期股票价值;DPS_t 为每年预期股利;P_T 为股票第 T 年末的市场价格;K_c 为权益资本成本。

从式(3-10)可以看出,持有期间的股利收入和期末股价两者之间是此消彼长的关系,虽然股利支付受管理层偏好的影响,但是由市场决定的 P_T 仍可以保证式(3-10)的正确性。但是,在企业持续经营假设下,当时间 T 取 ∞ 时,P_T 趋于 0,这时股票的价值完全由未来股利的现值决定,而股利的派发又受公司管理层偏好的影响,所以在时间从有限期向无限期转化时,导致股利折现模型出现了错误。通过比较分析可知,传统的无限期股利折现模型从理论上是不对的,它受股利派发政策影响较大,并没有完全反映出企业价值的大小。例如,要评估一家被收购的企业,无论收购之前该公司的股利政策如何,对于收购公司而言被收购公司的评估结果都应该是一样的。

3.3.5.2 现金流折现模型与剩余收益模型的比较

根据企业生命周期理论,可以把企业的生命过程简单地分为初创阶段、成长阶段、成熟阶段、衰退阶段。企业每一阶段的剩余收益和现金流都会呈现不同的特点,适用的评估方法也不尽相同(如表 3-2 所示)。一般来说,在企业初创阶段,既要不断地投资,又没有形成盈利,所以现金流和剩余收益都呈现为负值;在成长阶段,开始获取高额利润,但是需要不断地追加投资进行规模扩张,所以现金流会呈现为负值,剩余收益为正值;在成熟阶段,剩余收益逐步减少，但是现金流开始大规模回收，所以，两者一般都会呈现为正值；在衰退阶段，剩余收益开始降到零值以下，企业这时往往采取收割战略，进行现金最后的回收，所以现金流仍会呈现正值。

表3-2 不同企业适用的估值方法

剩余收益形式	现金流方式	适用的评估方法	企业的成长阶段
收益率为正	现金流为正	剩余收益方法和现金流方法	成熟阶段
	现金流为负	剩余收益方法	成长阶段
剩余收益为负	现金流为正	基于资产的评估方法	衰退阶段
	现金流为负	实物期权和基于资产的方法	初创阶段

为了方便比较，我们把权益现金流折现模型和剩余收益模型重新列示为式（3-11）和式（3-12）。

$$V = \sum_{t=1}^{\infty} \frac{FCF_t}{(1+K_c)^t} \tag{3-11}$$

$$V = B_0 + \sum_{t=1}^{\infty} \frac{RE_t}{(1+K_c)^t} \tag{3-12}$$

首先，式（3-12）中包含一个B_0，即期初净资产账面价值，假设当被评估企业所在行业平均P/B比为2时，则评估结果的大约1/2将直接从资产负债表上就能得出，而现金流折现模型式（3-11）则是完全建立在对未来预测的基础之上。所以，在同等条件下，剩余收益模型产生的误差要比现金流折现模型产生的误差小。其次，对于处于成长阶段的企业，在高速成长期现金流量往往连续为负，而剩余收益却是正值。如果对同一家高速成长企业同时使用两种模型进行评估，那么在现金流变为正值之前，现金流折现模型每年折现得出的结果为负，剩余收益模型得出的结果为正，这一点意味着剩余收益模型得出的结果主要体现在B_0和前面几年的折现值上，而现金流折现模型得出的评估结果则主要体现在现金流变为正值后的较长的时期里。所以，现金流折现模型比剩余收益模型需要预测更长的时间，而较长时期的预测必然导致评估误差增大。通过上述比较得知，剩余收益模型不仅适用范围宽，而且评估结果准确性高。在实证方面，通过检验剩余收益估价模型、股利折现模型和现金流折现模型,结论表明剩余收益估价模型较其他模型准确性更高。

3.4 实物期权估值法

3.4.1 实物期权估值法简介

实物期权的概念最初在 1977 年由 Stewart Myers 教授提出。所谓期权,是一种选择权,期权持有者在期权到期日或到期日之前,拥有以一个固定价格(称为执行价)购买或出售一定数量的某项标的资产的权利。期权应用于现实资产时称为实物期权,它是相对于金融期权来说的,是指企业进行长期投资决策时拥有的能根据在决策时尚不确定的因素改变行为的权利。利用实物期权法可以确定并购中隐含的期权价值,然后将其实物期权价值加入到传统评估价值净现值法计算出来的静态净现值中。

实物期权理论的核心思想是:在确定投资机会的价值和最优投资策略时,投资者不应简单地使用主观的概率方法和效用函数,理性的投资者应寻求一种建立在市场基础上的使项目价值最大化的方法。根据这一思想,投资者可以灵活采取投资、等待、放弃等多种方案,从而增加了投资决策中的柔性。

3.4.2 实物期权定价法的适用条件

第一,或有投资决策的存在。第二,不确定性足够大,必须等待获取更多的消息之后,避免对不可逆投资产生遗憾。第三,目标企业的发展过程中包含期权特性。第四,并购项目具有可控性。因此,期权定价法适用于在未来不确定性强和管理者需要一定的弹性去应付的情况下,对所有上市公司和非上市公司进行价值评估。

3.4.3 实物期权定价法的具体方法

实物期权的定价方法有很多种,其中应用最广泛的两种方法主是 B-S 期权定价法和二叉树期权定价法。实物期权的这两种定价方法源于金融期权的定价方法。其中,B-S 模型是连续时间模型,只能应用于欧式期权的定价;二叉树模型是离散时间模型,能应用于欧式期权和美式期权的定价。

3.4.3.1 二叉树定价模型

在投资项目的价值(实物期权的标的资产)离散变化时,可以采取离散分析方法对实物期权进行定价,该方法基于二叉树定价模型。

二叉树模型的假设条件为:①市场不存在摩擦,交易成本视为零;②款项借入和借出的利率皆为无风险利率;③投资者认可价格的合理性,所有投资者均视为价格的接受者;④股票价格波动在每一期都存在上升或下降两种趋势。

首先,将期权有效期微分为若干 Δ_t,则在一个 Δ_t 内证券价格只有两种变化趋势:从原始值 S 上升到原值的 u 倍,即达到 Su,或下降到原值的 d 倍,即达到 Sd。

其中 u>1,d<1,如图 3-1 所示。

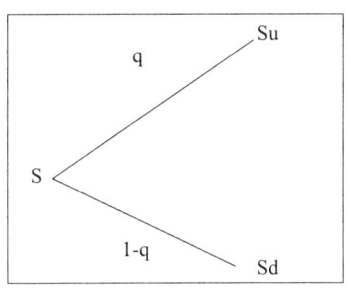

图 3-1 价格预期变化

假设价格上升的概率为 q,则下降的概率为 1-q。期权价值则会相应不同,其函数分别记作 fu 和 fd。

期权和标的资产是同一风险源,在图示单步二叉树中,可设计一个证券组合,包含资产多头和一个看涨期权空头。如果能确定一个合适的 Δ 值,使:

SuΔ-fu = SdΔ-fd

则无论标的资产价格涨跌,该证券组合的价值都是不变的。即当 $\Delta = \dfrac{fu-fd}{Su-Sd}$ 时,无论股票价格涨跌,该证券组合的价值均相等。显然这是一个无风险证券。

当无风险证券对SuΔ-fu或SdΔ-fd贴现来求该证券的组合现值,在无套利机会的假设下,该证券的收益现值应等于构造该组合的成本,即:

SΔ-f =(Su-fu)e$^{-r\Delta t}$SΔ-f = (Su-fu)e$^{-r\Delta t}$

将 $\Delta = \dfrac{fu-fd}{Su-Sd}$ 代入上式就可以得到:

$$f = e^{-r\Delta t}\left[\dfrac{e^{r\Delta t}-d}{u-d}fu + \left(1-\dfrac{e^{r\Delta t}-d}{u-d}\right)fd\right]$$

3.4.3.2 Black-Scholes 定价模型

在投资项目的价值(实物期权的标的资产)连续变化的情形下,可运用 Black-Scholes 定价模型对实物期权进行定价。Black-Scholes 模型是一个连续时间模型,它利用无套利均衡理论和风险中性定价理论的思想,认为任意期权均可以由无风险资产与某标的资产复合构造而成,因此标的资产的价格波动也可以通过特定的函数关系表达期权的价值波动过程,从而推导出不支付红利股票的欧式看涨期权的定价公式。Black-Scholes 模型隐含七个假设条件:

(1)没有交易费用或税收,即市场是无摩擦的。
(2)衍生证券的有效期内没有分红。
(3)对卖空没有如保证金等任何限制,投资者可自由使用卖空所得资金。
(4)证券交易是不间断进行的。
(5)不存在无风险套利机会。

（6）无风险利率 r 为常数，不因到期日的变化而改变。

（7）在以上假设条件下，股票价格的运动遵循布朗运动。

在上述条件成立的前提下，布莱克和舒尔斯得出欧式看涨期权的定价公式为：

$$C(S, t; E) = SN(d1) - Xe^{-r(T-t)} N(d2)$$

$$d1 = \frac{\ln\left(\frac{S}{X}\right) + \left(r + \frac{\sigma^2}{2}\right)(T-t)}{\sigma\sqrt{T-t}}$$

$$d2 = d1 - \sigma\sqrt{T-t}$$

其中，S 代表标的资产当前的现价；C 代表期权的价值；X 代表期权的执行价格；r 代表期权有效期间内的无风险利率；t 代表现在时刻；T 代表到期时刻。

3.4.4 实物期权定价法的具体方法的优缺点

3.4.4.1 期权定价法的优点

第一，充分考虑了经济环境不断变化这一事实，将企业置于动态经济环境中，考虑到外部不确定的经济条件会影响企业的价值，因而更能全面真实地估算企业价值。第二，应用该方法将比其他价值评估方法需要的数据更少，仅仅需要估计标的资产价格收益率的波动率就可以了，相对来说比较容易。第三，提供了一种分析企业尤其是处于新经济中的高科技企业隐含价值的办法，帮助人们识别出有增长潜力的公司。

3.4.4.2 期权定价法的缺点

第一，并不是所有的企业都具有突出而鲜明的期权特性，使用这种方法容易将目标企业的价值高估。第二，由于我国并购市场还不完善，难以确定对期权定价所需的参数。第三，现实选择权本身具有一定的复杂性。

3.5 本章小结

本章总结了并购活动中企业价值评估方法及评价,主要介绍的方法有成本法、市场法、收益法及实物期权估值法。

成本法着眼于企业的历史和现状,不确定因素较少,风险较小,计算简便,直观易懂,但只是静态单项资产的简单加总,忽视了无形因素对公司价值的影响,也不能反映企业的增长潜力。

市场法分为参考企业比较法和交易案例比较法。市场法提供了整体市场、行业内企业估值的信息,但在实际运用中很难找到相近的可比企业,且只能说明相对价格。

收益法是目前运用最广泛、最成熟的方法,分为现金流量折现法、股利贴现模型、剩余收益估值模型等。收益法考虑了时间和风险的因素,把目标企业作为整体进行评估,比较全面地反映了公司的基本情况和获利能力。然而该方法也有一些缺点,如需要许多前提条件、较难预测未来的财务状况等。

实物期权估值方法运用二叉树定价模型或 Black-Scholes 定价模型,提供了一种分析企业尤其是处于新经济中的高科技企业隐含价值的办法,将企业置于动态经济环境中,但容易高估企业价值,且难以确定期权定价所需参数。

4 基于环保行业的并购估值方法分析

4.1 环保行业特征分析

4.1.1 环保行业概念

关于环保行业的定义，在我国有狭义和广义之分。狭义上，我国基本沿用了经济合作与发展组织（OECD）所提出的定义，即环保行业是为环境污染控制与减排、污染清理及废弃物处理等方面提供设备和服务的行业。广义上，环保行业是指以防治环境污染、改善生态环境、保护自然资源为目的所进行的技术开发、产品生产、商业流通、资源利用、信息服务、工程承包、自然保护开发等活动的总称。广义的环保行业不仅包括狭义的环保行业的内容，而且增加了清洁技术、清洁产品和生态环境建设等部分。本书从污染防治的角度，按业内通行的做法，将环保行业划分为大气治理、水处理、固体废物处理、噪声与振动控制及其他等子行业。其中，水处理、大气治理和固体废物处理三个子行业在整个环保行业中占主导。

4.1.1.1 水处理

污水处理主要分为生活水处理和工业水处理两大类。目前我国的污水以生活污水为主，占废水总排放的60%以上。生活污水处理的技术要求较低，下游客户以政府为主，区域垄断性强。而工业污水的下游客户以石油、煤化工等工业企业为主，市场化程度较高，但是技术要求严格，企业的竞争核心是污水处理技术。

当前我国城市的污水处理率较高，但是县城及乡村还有较大空间。截至2016年末，全国城市污水厂日处理能力为14910万立方米，比上年增长6.2%，城市污水处理率为93.44%。全国县城污水厂日处理能力3036万立方米，比上年增长1.2%，污水处理率为87.38%。相比之下，全国仅68.7%的行政村有集中供水，20%的行政村对生活污水进行了处理。结合"十三五"规划中的要求来看，2020年城市污水处理率要达到95%；县城不低于85%，东部地区力争90%；建制镇达到70%，中西部地区力争达到50%。目前城市的污水处理率与规划目标已十分接近，但中西部县城尤其是行政村的增长空间仍大。

与污水处理能力相比，我国的管网设施配套并不齐全。2016年县城污水处理能力仅提高了1.23%，而污水处理率却增加了2.16%，这主要得益于污水管网配套设施的建设升级。"十三五"规划中也相应强调要新增配套污水管网建设，强化老旧管网改造工程建设，加强合流制管网改造。

水处理行业不仅在量上有空间，随着治理标准的抬高，旧设备改造需求量也会增加。2015年国务院发布"水十条"，要求全面控制污染物，防治工业污染，强化城镇生活污染治理，推进农业农村污染防治。政策层面对环保的要求不断提高，推动行业标准升级。当前我国城镇污水处理厂污染物排放标准大致分为一级A、一级B、二级三档，2016年7月1日以后的新建污水厂都要执行一级A标准，但即使达到了一级A排放标准，部分污染物浓度依旧高于地表水Ⅳ类，水质提升空间大，行业的需求空间仍大。

从业务模式看，水处理企业的业务可以分为运营服务、工程建造服务、水处理设备制造销售及服务三类。其中，运营服务是指公司通过自营或委托运营水处理等方式获得经营权，经营污水处理厂的运营业务。

由于污水处理行业公益性特征明显，定价受政府调控，尚不能完全市场化，污水处理费的上调频率较低。运营服务的营业收入变动多取决于污水处理量的多少。运营成本主要由原材料（药剂费）、能源动力（电费）、人工成本、维修费、折旧与摊销费等构成，其中原材料药剂的市场供应商多，成本上行压力小，电费与人工成本的变动也相对稳定，折旧摊销费用的占比最高。污水处理的前期投资大，固定成本变化小，处理量越大维修费及折旧费的摊薄力度越大，企业运营服务业务的毛利率水平越高。

工程建造服务业务的进入门槛相对较低，在三类业务中的利润率最低。一般而言，污水处理企业均可开展该项业务。传统的经营模式是EPC，公司承担工程的设计、采购、施工、试运行和投产，随后交给业主。企业在经营过程中不承担运营职能，资金回收周期较短，但该模式的市场竞争激烈，利润水平偏低。近年来随着PPP模式的兴起，越来越多的企业开始通过PPP模式承接水处理工程项目，作为社会资本方参与项目，获得投资收益。具体地，企业可以通过BOT、TOT等模式展开业务。但是当前我国的PPP制度环境尚待完善，2018年4月财政部下发财金〔2018〕54号文，对存在问题的示范项目进行处置，本次处置项目占项目总数的17.15%，处置力度大，波及范围广，PPP的发展将从重数量向重质量转变，PPP对工程收入的拉动作用可能会受到一定影响。

设备制造销售及服务业务主要指销售专业污水处理厂所需的专用水处理设备，业务成本主要是直接材料。我国污水处理企业众多，但市场占有率偏低，且掌握先进水处理技术的企业较少，行业的设备制造销售及服务的定价权一般由行业内大企业决定，中小企业话语权较小。

4.1.1.2 大气治理

中国是一个能源结构以煤炭为主的发展中大国，随着社会经济的高速发展，煤炭消费量逐年提升，尽管出台了一系列强有力的节能减排措施，中国的硫氧化物、氮氧化物排放量还是排在了世界第一位。当前中国大气环境形势十分严峻，部分区域和城市大气灰霾现象突出，许多地区主要污染物排放量超过环境容量。在传统煤烟型污染尚未得到控制的情况下，以臭氧、细颗粒物（PM2.5）和酸雨为特征的区域性复合型大气污染日益突出，区域内空气重污染现象大范围同时出现的频次日益增多，严重制约社会经济的可持续发展，威胁人民群众身体健康。

酸雨通常指pH值小于5.6的降水。酸雨和臭氧层破坏、温室效应并称为当今世界的三大全球性环境问题，对环境有巨大的危害。中国是世界上酸雨污染比较严重的地区，覆盖重庆、四川、贵州、广东、广西、湖南、湖北、江西、浙江、江苏和山东等省份部分地区，面积达 300 多万平方公里的酸雨区是世界三大酸雨区之一。近年来酸雨区呈现面积扩大快、降水酸化率升高的不利局面。二氧化硫和氮氧化物是造成酸雨的主要污染物。大多数酸雨中的酸性物质最主要的是硫酸（占 65%~70%），其次是硝酸（占 25%~30%）。硫酸的形成主要来自空气中的二氧化硫，硝酸的形成主要来自空气中的氮氧化物。

大气治理行业按照主要治理目标划分，可进一步细分为脱硫、脱硝与除尘行业，三者的发展阶段各有不同，具体如下：

（1）脱硫。我国脱硫行业的发展与国家大气污染物强制减排政策高度关联，驱动脱硫行业发展的推动力皆源于日益严格的强制减排政策。

火电脱硫行业经过"井喷"式发展，火电脱硫装机容量从 2005 年的 3968 万千瓦，增长到 2015 年末的 8.2 亿千瓦，占全国火电机组容量的 82.8%。虽然火电机组脱硫安装率较高，但大量机组执行排放标准仍为 2003 年版《火电厂大气污染物排放标准》，不能满足新的排放标准，存在升级改造需求。

以 2014 年 7 月环保部发布的《京津冀及周边地区重点行业大气污染限期治理方案》相关要求为例，要求京津冀及周边地区 492 家企业、777 条生产线或机组全部建成满足排放标准和总量控制要求的治污工程，设施建设运行和污染物去除效率达到国家有关规定，二氧化硫、氮氧化物、烟粉尘等主要大气污染物排放总量均较 2013 年下降 30% 以上；燃煤机组必须安装高效脱硫脱硝除尘设施，不能稳定达标的要进行升级改造；2014 年底前，京津冀区域完成 94 台、2456 万千瓦燃煤机组脱硫改造。

截至 2017 年底，全国已投运火电厂烟气脱硫机组容量约 9.2 亿千瓦，占全国火电机组容量的 83.6%，占全国煤电机组容量的 93.9%；已投运火电厂烟气脱硝机组容量约 9.6 亿千瓦，占全国火电机组容量的 87.3%。传统燃煤电厂减排改造经过前期的"大干快上"，市场需求将逐步缩小，以存量改造市场为主。

虽然传统燃煤机组烟气治理和减排市场相对萎缩，但为加强大气污染防治，改善大气环境质量，上海市、天津市、浙江省、山东省等多地政府在 2017 年陆续出台"消白烟"政策，将燃煤锅炉消除"有色烟羽"写入地方环保标准,对火电、钢铁等重点行业开展"石膏雨、有色烟羽"治理工作。如浙江省发布的《燃煤电厂大气污染物排放标准(征求意见稿)》,提出了燃煤发电锅炉及其他锅炉的"石膏雨、有色烟羽"治理标准。此外,2017 年 6 月,环保部以发布修改单(征求意见稿)的形式,对《钢铁烧结、球团工业大气污染物排放标准》等 20 项国家污染排放标准进行修改,明确提出了对钢铁、有色金属、水泥等非电力重点污染行业的大气污染排放限值,未来一段时间非电行业超低排放市场将迎来一定程度的快速增长。相关公开资料显示,预计京津冀 2+26 城市的非电大气治理需求将在 2018 年迅速铺开,非电大气治理需求将于 2018~2020 年在全国铺开。2017 年底,中央经济工作会议召开,明确"打赢蓝天保卫战"是今后三年的重点工作之一。在环保督查趋严及排放标准进一步提升的背景之下,以"消白烟"为代表的新的烟气治理市场有望启动,同时非电行业的超低排放进程也有望加快。

(2)脱硝。同脱硫行业发展相似,我国火电烟气脱硝行业起源于国家大气污染物的强制减排,但起步时间晚于脱硫进程。2011 年版《火电厂大气污染物排放标准》要求新建机组 2012 年 1 月 1 日起、已有机组 2014 年 7 月 1 日起执行新的氮氧化物排放标准,导致了脱硝行业的爆发式增长。根据中电联统计数据,截至 2015 年末,已投运火电厂烟气脱硝机组容量约 8.5 亿千瓦,占全国火电机组容量的 85.9%。

经过国家强制排放政策引致的行业爆发期后,脱硝行业竞争趋于激烈。但基于以下因素,预计行业仍将保持较高需求:

第一,截至 2015 年末,存量火电机组仍有 14% 尚未安装脱硝装置,相应需配备首次装置所需的脱硝催化剂。

第二,SCR 脱硝催化剂使用寿命约 24000 小时(相当于 3 年左右),到期需予以更换,由此带来的更换需求将确保较广阔的市场空间,且更换需求相较首次装置需求的释放速度相对平滑,有助于行业的平稳发展。

第三,2014 年 5 月 16 日,环保部、国家质量监督检验检疫总局发布《锅炉大气污染物排放标准》(2014 年版),对于火电燃煤锅炉范畴之外的,单台出力 65t/h 及以下蒸汽锅炉和各种容量的热水锅炉、有机热载体锅炉、层燃炉和抛煤机炉提出了氮氧化物排放浓度要求,将催生脱硝行业新的市场空间。

(3)除尘。目前,国内绝大多数燃煤电厂锅炉尾部烟气治理的工艺流程由SCR脱硝、干式电除尘器（干式ESP）、湿法脱硫系统（WFGD）组成，烟气经脱氮、除尘、脱硫处理后直接进入烟囱排放。但SCR脱硝在脱除氮氧化物的同时，二氧化硫转化为三氧化硫的副反应使烟气中三氧化硫含量显著增加，实际运行中还会产生氨气逃逸，以致三氧化硫和逃逸的氨气不能被有效去除，从而导致石膏雨和酸雾。此外，2013年的全国性大范围雾霾（以PM2.5为主）引发了全民关注，政府出台了一系列治霾措施。2013年9月出台的《大气污染防治行动计划》提出，到2017年，全国地级及以上城市可吸入颗粒物浓度比2012年下降10%以上；京津冀、长三角、珠三角等区域细颗粒物浓度分别下降25%、20%、15%。颗粒物减排（特别是重点区域）成为未来3~5年内大气治污的重中之重。2014年9月出台的《煤电节能减排升级与改造行动计划（2014—2020年）》要求东部地区（辽宁、北京、天津、河北、山东、上海、江苏、浙江、福建、广东、海南11省份）新建燃煤机组大气污染物排放浓度基本达到燃气轮机组排放限值（即$5\sim10mg/m^3$）；到2020年东部地区现役30万千瓦及以上公用燃煤发电机组、10万千瓦及以上自备燃煤发电机组，以及其他有条件的燃煤发电机组，改造后大气污染物排放浓度基本达到燃气轮机组排放限值。

目前雾霾等环境事件频发，大气污染复合污染物治理成为亟待解决的问题。以火电环保为代表，在经历除尘（低标准）、脱硫（"十一五"）大规模改造及脱硝市场启动（2011年以来）之后，可预期的未来烟气治理行业将依次或叠加出现脱硝改造、脱硫除尘提标改造、重金属和复合污染物的控制等重点治理工程，其中以烟尘为主的颗粒物治理（微细颗粒物、重金属、复合污染物等）将成为重点工程之一。湿式静电除尘器作为高效除尘的终端精处理设备，具有控制复合污染物的功能，对微细、黏性或高比电阻粉尘及烟气中酸雾、气溶胶、石膏雨微液滴、汞、重金属、二噁英等的收集具有较好效果，预计未来在解决大气复合污染物排放领域将得到长足发展。

4.1.1.3 固废处理

固废种类繁多、分类复杂。根据《中华人民共和国固体废物污染环境防治法》，固体废物是指在生产建设、日常生活和其他活动中产生的污染环境的固态、半固态废弃物质，主要包括生活垃圾、搭建垃圾、建筑废弃物、城镇污水处理厂污泥、绿化垃圾、粪渣、动物尸骸、医疗垃圾、电子垃圾、废弃车辆、工业废弃物、农业废弃物、有害废弃物等。根据固体废物产生的源头和对环境的危害程度，通常可将固体废物分为生活垃圾、一般工业固体废物、危险废物三大类。固废对环境可能造成的污染危害是多方面的，它不仅会造成水体、土壤和大气的直接污染，还会造成生态环境的破坏，威胁人体健康。一般情况下，这些固体废物均需经过处理，并安全处置，方能消除环境生态风险。固体废物处置是指最终处置或安全处置，是固体废物污染控制的末端环节，是解决固体废物的归宿问题。一些固体废物经过处理和利用，总还会有部分残渣存在，而且很难再加以利用，这些残渣可能又富集了大量有毒有害成分；还有些固体废物，目前尚无法利用，它们都将长期地保留在环境中，是一种潜在的污染源。为了控制其对环境的污染，必须进行最终处置，使之最大限度地与生物圈隔离。

目前，我国对固废处理执行的是传统化和资源化两大类技术政策，其中又以传统化为主，而欧美发达国家一般以资源化为主。国内外城市固体废物处理方法主要有回收利用、卫生填埋、焚烧、堆肥等。国内城市固体废物处理采用的技术不多，包括回收利用、焚烧技术和卫生填埋。2013年，回收利用和卫生填埋技术占比分别为35%和32.45%；焚烧技术是沿海大中城市优先采用的处理方法，占比约7.8%；其他类占比为24.75%。到2016年，这一市场占比情况表现为卫生填埋占比为62.55%，焚烧占比35.10%，其他占比为2.35%。其中，还有城市生活垃圾发电。在我国城市生活垃圾焚烧发电行业发展初期，主要由政府投资、运营垃圾焚烧发电项目，但由于项目投资金额较大，技术和管理的专业性较强，以政府为主的模式已不适应行业发展的需求。随着行业市场化和产业化程度不断提高，目前形成了以政府特许经营为主流的经营模式，即政府按照有关法律、法规规定，通过市场竞争机制选择生活垃圾焚烧发电项目的投资者或者经营者，授予垃圾焚烧发电项目的特许经营权，包括在特许经营期限内独家在特许经营区域范围内投资、建设、运营、维护垃圾焚烧发电项目并收取费用的权利。特许经营期限最长不得超过30年，特许经营权到期时，政府按照相关规定组织招标，再次选择特许经营者。若不能再次获得特许经营权，经营者将按照协议约定将垃圾焚烧发电项目移交给当地政府。餐厨垃圾处理也采取类似的经营模式。

2017年12月7日,国家环保部发布的《2017年全国大、中城市固体废物污染环境防治年报》指出,2016年,214个大、中城市工业危险废物产生量达3344.6万吨,医疗废物的产生量为72.1万吨,而截至2016年底,全国危险废物实际经营规模仅有1629万吨,处置缺口仍然较大。随着我国经济的持续发展,国家对于环保产业的扶持力度逐步加大,投资额大幅增加,环保行业高速发展,而固废处理行业作为环保行业核心组成部分,正处于行业发展的上升期,发展前景较大。

4.1.2 环保行业发展历程

中国环保产业是随着环境事业的发展而逐渐发展壮大的。20世纪60年代中后期到70年代初,面对工业化造成的环境污染,中央政府开始对工业"三废"对水源和空气造成的污染进行调查,拉开了环境保护工作的序幕,环保产业开始萌芽。1973年全国第一次环境保护工作会议召开,以此为起点到80年代是中国环保产业开始孕育发展阶段。90年代,随着城市化和工业化进程的不断加快和环境问题的日益突出,国家出台了一系列促进环保产业发展的政策措施,环保产业进入快速发展阶段。进入21世纪以来,国家加快了环保产业的市场化改革进程,这一阶段环保产业作为新的经济增长点,逐渐成为革新和调整产业结构、支撑产业经济效益增长的重要力量。

4.1.2.1 环保产业发展萌芽阶段:20世纪60年代中后期至70年代初

20世纪60年代中后期到70年代初,中国环境保护工作的重点是"三废"治理和综合利用。首先,中国成立了"三废"利用等环保机构。1971年,国家计委成立"三废"利用领导小组。1973年1月,成立了国务院环境保护领导小组筹备办公室。北京、甘肃、湖北、广东、贵州、河北、河南、辽宁、云南、浙江、湖南、山东等省份新建或重建了"三废"治理利用办公室等。到第一次全国环保会议召开前,已有16个省份设立了环保机构。其次,从中央到地方开展了广泛的环境污染调查。1971年4月,卫生部军管会向各省、市、自治区革命委员会卫生局下达《关于工业"三废"对水源、大气污染程度调查的通知》(以下简称《通知》)。"三废"问题的解决首先要调查清楚其对河流、大气、水源的污染情况及危害程度。《通知》要求各地对辖区主要厂矿进行全面调查，了解排污情况、排放制度、回收利用的方法及对周围居民健康和其他行业的影响。《通知》下达后，各地污染调查工作陆续展开。在全国开展污染普查的同时，一些污染事件也引起中央政府的重视。环境污染调查工作的开展为查清污染源和有计划的治理提供了科学依据，促进了环保监测站和区域监测网的建立，为工业建设、污染防治提供了参考。最后，这一时期还制定了诸如《工业企业设计卫生标准》《生活饮用水卫生规程》《渔业用水水质标准》《工业"三废"排放试行标准》等"三废"污染治理文件和法规，为当时的污染防治提供了制度性依据，也为以后环境保护法规的制定和完善奠定了基础。应该说，这一阶段中国的环保事业开始起步，虽然没有正式出现环保产业的概念，但"三废"治理机构的建立、治理法规的出台、污染调查监测工作的开展、污染控制设备的研制等，都为以后环保产业的孕育发展奠定了基础。

4.1.2.2 环保产业孕育阶段：20 世纪 70 年代中期至 80 年代

在环境保护工作受到普遍重视的情况下，1973 年 8 月，国务院召开第一次全国环境保护会议。会议确定了环境保护工作方针，即"全面规划、合理布局、综合利用、化害为利、依靠群众、大家动手、保护环境、造福人民"，制定了《关于保护和改善环境的若干规定》。第一次环境保护会议召开后，中国的环境保护工作开始起步。1974 年，国务院成立了环境保护工作领导小组，各省、市、自治区和国务院有关部委也陆续建立起环境管理机构及环保科研、监测机构。1978 年 3 月，第五届全国人大第一次会议通过的《宪法》明确提出："国家保护环境和自然资源，防治污染和其他公害。"1979 年 9 月，第五届全国人大第十一次会议通过《中华人民共和国环境保护法（试行）》，确定了中国环境保护法体制框架，标志着中国环境保护工作进入法制轨道。1983 年底召开第二次全国环境保护会议，明确了环境保护是一项基本国策，提出了"三建设、三同步、三统一"的战略方针，初步规划出环境保护的主要目标、步骤和措施，确定了强化环境管理作为环保工作的中心环节。1984 年成立了国务院环境保护委员会，1985 年中国环境保护工业协会正式成立。这一时期环保产业开始孕育发展，但由于处于发展初期，基础较薄弱，尚未形成一定规模，产业市场狭小、技术落后，亟须政府出台一系列政策措施进行引导和扶持。

4.1.2.3 环保产业迅速发展阶段：20世纪90年代至21世纪初

20世纪90年代至21世纪初，随着中国经济的快速发展，经济发展和环境污染之间的矛盾日益突出，国家对环境保护工作日益重视。第三次全国环境保护工作会议将环保产业列入优先发展领域，促进了环保产业地位的提高；首次召开环保产业会议，确定了环保产业的指导思想和基本方向；出台了一系列关于环保产品质量考评、环保产业科技开发贷款、环保产品实行认定、环保产品监督检验机构管理、环境工程资质认可等方面的政策措施，对规范环保产业发展提供了思路；提出把发展环保产业纳入社会主义市场经济轨道，引导环保产业走向社会化、市场化、专业化和企业化，对于推动环保产业走向市场，促进环保产业发展规模和水平的提高发挥了重要作用。2001年2月，国家环保总局组织开展了2000年环境保护相关产业基本情况调查。结果显示，截至2000年底，从事环境保护相关产业的企事业单位总数达18144家，从业人数317.6万人，年收入总额1689.9亿元，实现利润166.7亿元。调查显示，中国环境保护相关产业的内涵在不断延伸和丰富，产业规模在逐步扩大，产业结构分布日趋合理，产业的整体规模和效益有了较大幅度的增长，产业的地域分布由东南沿海、沿江的经济发达地区向中西部地区扩展，中国环保产业发展呈现出良好的发展势头。尽管这一时期环保产业得到迅速发展，但由于环保产业是在计划经济体制下适应环境保护的需要发展起来的，多年来一直处于一种无序、盲目的发展状态，导致环保产业发展存在缺乏国家宏观指导，企业分散、规模小、缺乏骨干力量，产品科技含量低，以及市场管理不规范、社会化服务体系不健全等诸多问题。在社会主义市场经济体制下，亟须政府加强宏观调控，规范环保产业市场发展，建立以市场供求关系为主、以政府制度管理为支撑的市场主导型运行机制，促进环保产业有序健康发展。

4.1.2.4 环保产业持续健康发展阶段：21世纪至今

2001年5月，为深入贯彻落实可持续发展战略和科教兴国战略，促进中国环保产业快速健康发展，保护资源和环境，培育新的经济增长点，国家环保局发出《关于加快发展环保产业的意见》。2001年11月,国家经贸委发出《环保产业发展"十五"规划》,指出"十五"期间是中国经济和社会发展的重要时期,是经济结构战略性调整的重要时期,也是中国加快生态建设和环境保护的重要时期。"十五"期间,国家环保总局在机制、政策和制度创新方面,继续推进环境污染治理的市场化,推进环保产业基地、环保产业园及生态工业园的建设,规范、完善环保运营资质、环境工程设计资质工作,加强对环境保护产品的监督管理与认定工作。"十五"期间,中国加大了对环保基础设施建设的投资力度,全社会环境保护投资比"九五"时期翻了一番,占GDP的比例首次超过1%,促进了环保产业的整体发展,从而使环保产业总体规模不断壮大,涵盖领域不断延伸。2007年,政府对于环保工作的开展提出了新方法、新思维,正式将环保项目支出列入国家财政总预算中,并出台了一系列措施促进节能减排。2008年,全球金融危机爆发,中国加大了基础设施的建设规模,其中对环保产业的投资更是显著增加。2009年第一季度,中国环保行业实现了较高增长,其中废弃资源与废旧材料回收加工业、环境污染处理专用药剂材料制造业的工业销售总产值同比增幅均超过50%;环保、社会公共安全及其他专用设备制造业的销售总产值同比增长也超过20%。2010年10月,国务院发出《关于加快培育和发展战略性新兴产业的决定》,强调要立足中国国情和科技、产业基础,坚持创新发展,将节能环保、新一代信息技术、生物、高端装备制造、新能源、新材料、新能源汽车等战略性新兴产业加快培育成为先导产业和支柱产业。"十一五"期间,环保产业作为战略性新兴产业得到较快发展,环保产业投资总额1.375万亿元,较"十五"期间增加96.4%,占GDP的比例上升到1.35%。根据《第四次全国环境保护相关产业综合分析报告》,2011年中国环境保护相关产业从业人员达到319.5万人,年营业收入30752.5亿元,年营业利润2777.2亿元,年出口合同额333.8亿美元。"十二五"期间,发展环保产业是中国经济绿色化发展的主要方向。2011年,环保部发出《关于环保系统进一步推动环保产业发展的指导意见》,指出要充分认识环保产业的战略性、基础性地位,进一步发挥环保系统在推动环保产业发展中的作用,并提出了"十二五"时期环保部门推动环保产业发展的指导思想、基本原则与重点发展方向。2012年6月,国务院发出《"十二五"节能环保产业发展规划》,对节能环保产业的重点发展领域做出规划。2012年7月，国务院发出《关于印发"十二五"国家战略性新兴产业发展规划的通知》，指出"十二五"时期是中国战略性新兴产业夯实发展基础、提升核心竞争力的关键时期。2013年，国务院发出《关于加快发展节能环保产业的意见》，提出要牢固树立生态文明理念，立足当前、着眼长远，围绕提高产业技术水平和竞争力，以企业为主体、以市场为导向、以工程为依托，强化政府引导，完善政策机制，培育规范市场，着力加强技术创新，大力提高技术装备、产品、服务水平，促进节能环保产业快速发展，释放市场潜在需求，形成新的增长点，为扩内需、稳增长、调结构，增强创新能力，改善环境质量，保障改善民生和加快生态文明建设做出贡献；并指出节能环保产业的发展目标是"年均增速在15%以上，到2015年，总产值达到4.5万亿元，成为国民经济新的支柱产业"。2015年4月，中共中央、国务院制定出台《关于加快推进生态文明建设的意见》，明确提出"要大力发展节能环保产业"。2015年11月，"十三五"规划建议提出，支持绿色清洁生产，推进传统制造业绿色改造，推动建立绿色低碳循环发展产业体系，鼓励企业工艺技术装备更新改造。2016年3月5日，李克强在党的十二届全国人大四次会议上做政府工作报告，强调要重拳治理大气雾霾和水污染。大力发展节能环保产业，扩大绿色环保标准覆盖面；开展全民节能、节水行动；推进垃圾分类处理，健全再生资源回收利用网络，把节能环保产业培育成中国发展的一大支柱产业。2016年3月17日，《"十三五"规划纲要》明确提出要发展绿色环保产业，培育服务主体，推广节能环保产品，支持技术装备和服务模式创新，完善政策机制，促进节能环保产业发展壮大。2016年4月，环境保护部出台《关于积极发挥环境保护作用促进供给侧结构性改革的指导意见》，指出大气、水、土壤污染防治三大战役为环保产业扩大产业规模、优化产业结构、提高技术水平和市场化程度提供了大好机遇，环保产业发展也将为实现环境质量改善目标提供有力支撑。2016年12月，国务院印发《"十三五"国家战略性新兴产业发展规划》，提出要推动新能源汽车、新能源和节能环保产业快速壮大，构建可持续发展新模式。在国家出台的一系列环保产业发展方针政策的指导下，"十二五"以来，中国环保产业发展的相关政策法规不断完善，国务院先后发布了《大气污染防治行动计划》《重点区域大气污染防治"十二五"规划》《水泥工业大气污染物排放标准》《环境空气质量标准》《土壤污染防治行动计划》等一系列法规标准，促进了中国环保行业的快速发展。党的十九大报告指出，"绿水青山就是金山银山"，随着《"十三五"生态环境保护规划》、"水十条"、"大气十条"、"土十条"等环境管制标准和规划的出台，国家对企业生产活动中的能源消耗及污染排放提出了更高标准和更严要求。

目前，中国环保产业领域的投资不断增长，发展规模不断扩大，已发展成为囊括环保产品、环境基础设施建设、环境服务、环境友好产品、资源循环利用等多领域的综合产业体系。但与此同时，中国环保产业仍存在激励与约束机制不够健全、技术创新建设和推广进程迟缓、环境服务业发展相对滞后等诸多问题。

4.1.3 环保行业产业链结构

4.1.3.1 环保产业链的结构分析

对环保产业链的概念进行界定，还需要对产业链的概念有全面的认识。产业链的概念自20世纪50年代由赫希曼论述，再到国内大量学者的阐述，至今尚未形成统一的认识。刘贵富（2006）通过梳理国内外学者提出的定义，提出产业链的科学定义为同一产业或不同产业的企业，以产品为对象，以投入产出为纽带，以价值增值为导向，以满足用户需求为目标，依据特定的逻辑联系和时空布局形成的上下关联的、动态的链式中间组织。[①]

结合环保产业、产业链的定义，本书将环保产业链的概念界定为：由提供环境污染治理、生态环境改善、自然资源保护等的技术、设备生产、信息、服务等多部门协作组成，以产品和技术为投入，以价值增值为导向，以满足用户对环境污染控制、生态环境改善和自然资源保护为目标的链式组织。由其概念可知，环保产业是一个跨产业、跨领域、跨区域，与工业、服务业等相互交叉、相互渗透的综合性战略性新兴产业。

环保行业产业链主要包括设备提供、工程建设及设施运营3个主要环节，产业内的企业一般涉及一个或多个环节。生活和企业排污是环保行业产业链

---

① 刘富贵. 产业链基本理论研究 [D]. 吉林大学博士学位论文，2006.

的起点,也是整个产业的服务对象。由于存在生活排污和企业排污,为了达到国家的排污标准,在排放"三废"前必须对污染物进行处理,其中废气处理不存在生活排污层面。

设备提供企业位于产业链上游。上游供应商包括各类环保设备及产品制造企业、环保技术研究中心,以及环保投资机构,它们提供环保所需的产品、技术、资金等,形成了以产品供应为主的单位,它所面对的市场是一些经销商、环保工程实施单位和服务提供商。

工程建设属于中游。工程建设包括设计咨询和系统集成等,也是价值链增值性与盈利水平较高的环节,涉足该领域的公司将享受到高成长。完全的市场机制可以保证龙头企业获得较高水平的利润率。

设施运营位于产业链下游,指专业从事环保设施运营和管理,如污水处理厂、各种填埋厂、垃圾发电企业等。环保设施运营本质是重资产、稳定现金流型的业务。其投资回报期相对较长,同时处理费的决定权主要取决于政府,属于公用事业,若处理费长期稳定,我国大部分市场化环保设施的投资回收期在15年左右(见图4-1)。

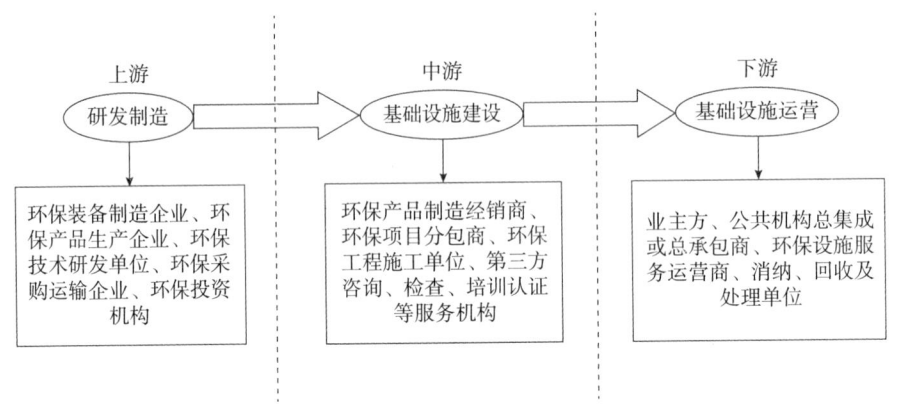

图 4-1 环保产业链

环保产业是典型的政策驱动型产业,其终端需求是由国家环境保护的目标强制产生的,因此环保产业链形成的是一种下游需求拉动中、上游发展的关系,属于产业链按照产业链形成过程中企业间的关系形成的技术推动型、资源带动型、需求拉动型、综合联动型四种中的需求拉动型产业链。

此外，OECD 按照要素大致将环保产业划分为水及水污染物处理，大气污染防治，土壤污染修复，废物处理处置，消除噪声、环境评价监测与应急，环境咨询与服务，环境监测与应急，清洁生产及资源循环利用八个领域。据此，环保产业链可按要素划分为水污染物处理产业链、大气污染防治产业链、土壤污染物修复产业链、废物处理处置产业链等。

4.1.3.2 微笑曲线

"微笑曲线"（Smile Curve）理论最早由台湾宏基集团创始人施振荣根据波特的价值链理论和他多年 IT 行业的从业经验于 1992 年提出。"微笑曲线"理论认为，制造业的价值链包括三个主要环节，即研发、生产制造和营销。以横坐标来表示产业链的主要活动，以纵坐标来表示不同环节的附加值，将不同环节的附加值进行连线，形成开口向上似人微笑的嘴型，因此被形象地称为微笑曲线。

从"微笑曲线"可以得出，从产业链产品的研发到终端产品的销售，以生产制造环节为分界点，各环节创造的价值会随要素密集度的变化而变化。一般来说，处于产业链上游和下游即"微笑曲线"的前端和后端的研发和营销可以产生较高的附加值，是整个产业链的高价值环节，中间的生产制造利润小，竞争激烈，是低价值环节。由此可见，"微笑曲线"即附加价值曲线，所体现的是附加值随产业链上中下游不同环节变化而变化的规律。这些业务工序、分工互不相同但又紧密相连的产业链活动，形成了一个价值创造的动态过程，这就是所谓的价值链。

"微笑曲线"提出后的几十年间被证明在其他众多行业中同样适用，学者们通过研究各类产业的微笑曲线，用以作为提升产业竞争力、进行产业结构调整的依据。大家的普遍共识是，企业或产业只有不断向高附加值的曲线两端移动，才能实现可持续发展。如解康健（2012）基于"微笑曲线"理论得出中国服装业必须通过加强设计研发和品牌营销两个环节的整合能力来实现价值链攀升。[①]樊宇等（2015）分析了中国环保产业不同发展阶段的微笑曲线特点，提出保上游争下游、发展特色中游和全面平稳推动提升的环保产业发

[①] 解康健. 基于"微笑曲线"理论的中国服装企业转型升级研究 [D]. 吉林大学硕士学位论文, 2012.

展战略。① 此外，众多学者还将"微笑曲线"应用到动漫产业、旅游业、金融业等的竞争力分析中。

综上所述，基于价值链理论的"微笑曲线"理论，可以从产业链角度促进产业结构优化升级，为产业的优化发展提供理论指导，实践证明也适用于环保产业。

4.1.3.3 不同类型环保产业链微笑曲线分析

从世界范围来看，由于各国的经济发展阶段和技术发展水平的差异，环保产业处在不同发展阶段，环保产业链"微笑曲线"的形态也各异。发达国家或地区包括美国、西欧、日本等经过几十年的发展，环保产业已经进入技术成熟期，且已经成为国民经济的支柱产业。这些国家和地区拥有大多数环保设备、产品生产的关键技术知识产权，其环境服务业以相对高端的环境综合服务业为主，且根据环保部环境与经济政策研究中心相关统计数据，2010年美国环境服务业占GDP比重为1.13%左右，西欧环境服务业占GDP比重平均约为0.9%。2010年，美国、西欧、日本三地区的环境服务业产值占全球环境服务业产值的80%左右。因此，这些发达国家和地区的环保产业链"微笑曲线"如图4-2所示，已经实现了产业链前端和后端高价值环节的增值。

而我国的环保产业与发达国家相比仍然存在一定的差距。我国环保产业的发展大致经历了理念构建阶段、初步发展阶段、快速发展阶段再到2010年至今的产业升级阶段。产业发展也已经从最初的环保设备生产到现在的研发能力明显提升，环境服务业快速发展。目前，我国环保产业的价值增值主要体现在研发和关键设备及使用剂的制造方面，在工程安装、后续维护服务等方面基本是免费的，污染设施运营有部分盈利。总体上，按照我国环境服务业目前的发展水平，到2025年有望实现产值占GDP比重达到1%。因此，目前我国环保产业链"微笑曲线"整体呈现图4-2中的形状。由于环保产业的细分领域比较多，不同领域的生产、销售等情况不同，因此不同类型产业的"微笑曲线"形态也略有差异，需要具体分析。本书选取水污染处理、大气污染防治、土壤污染物修复等主要的要素产业链进行分析。

---

① 樊宇等. "微笑曲线"视角下的我国环保产业竞争力研究［J］. 生态经济（中文版），2015，31（11）：47-50.

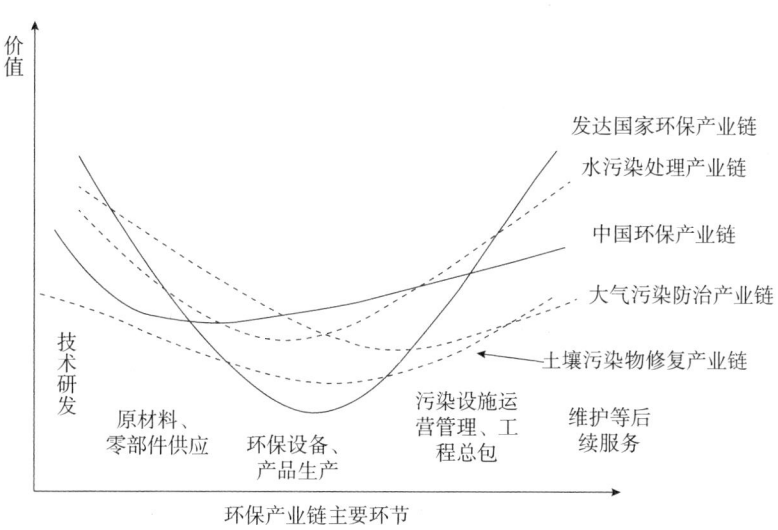

图 4-2 不同类型环保产业链微笑曲线比较

从图 4-2 中的水污染处理产业链"微笑曲线"可以看出，我国的水污染处理产业在前端和后端的高价值环节已经有所突破。目前在水污染治理技术的主要方向包括工业废水处理、城镇污水处理、地下水污染控制与修复、水体修复、饮用水安全保障技术等几方面我国都有不同程度的突破，尤其是工业废水处理技术包括萃取、活性污泥法、过滤等处于国际领先，城镇污水的膜法水处理技术的研究也处于领先地位。在饮用水安全保障常规技术、水体修复技术等方面的研究与发达国家仍有一定差距。处于产业链后端的污水处理厂的运营目前能获得稳定的收益，水环境监测也较稳定，总体上水污染处理服务业高于环保产业其他领域服务业的平均水平。随着 2015 年国务院正式颁布《水污染防治行动计划》，未来水污染治理产业加快走向高价值环节，在污水处理技术升级、再生水技术、水环境监测、污泥处理等方面有较大增值空间。

目前大气污染防治产业链的增值主要是大气污染防治设备、产品、催化剂，以及部分关键设备、技术的创新研发方面，我国的电除尘、袋式除尘技术等已基本达到国际先进水平，电厂烟气超低排放集成技术推广受到肯定。大气环境服务业方面，大气污染防治设施的运营基本免费，其他类型的服务包括大气环保工程总包等，由于国家对从事服务性的节能环保企业要求较高，因此从事的企业为数不多，也尚未产生良好的效益。因此，大气污染防治产业链的"微笑曲线"呈现前端相对较高、后端曲线相对平缓的形态。

我国的土壤污染物修复产业近几年才发展起来，土壤修复市场处于萌芽阶段，需求弹性巨大。2016年《土壤污染与防治行动计划》的出台又掀起了一轮土壤污染修复的高潮。带动各地积极进行土壤修复技术的示范、应用，以及探索一些关键设备的生产技术。一些大型、龙头企业的涌现将推动产业链不断延伸，未来该行业增值潜力巨大。"土十条"提出，到2020年，受污染耕地治理与修复面积达到1000万亩，按2万元/亩修复成本考虑，"十三五"耕地土壤修复市场空间为2000亿元。2017年6月，《土壤污染防治法（草案）》提交人大常委会一审，并公开征求社会意见，土壤污染防治立法提速，进入程序后期。第二次全国污染源普查已于2016年第四季度启动前期准备，将在2018年开展全面普查，有利于揭示我国土壤实际污染水平与投资治理空间。

4.1.4 行业特点

4.1.4.1 正向外部性

经济学中的外部性分为正向外部性及负向外部性，当其他公众无偿享受由他人实施的行为所产生的溢出效应时，说明存在正外部性。节能环保产业对其他个体在生产收益和社会效用两方面产生正向影响，具有社会边际成本小于私人边际成本、社会边际收益大于私人边际收益的典型正向外部性特征。以清洁生产型环保产业为例，该类产业可以实现污染"从摇篮到坟墓"的循环经济模式，产生环境、经济和社会三重效益，具有典型的正外部性。

4.1.4.2 政策依赖性

环境物品是环保产业的主要产出，但是由于环境的正向外部性，决定了环保产业成为了天生的公益性产业。在经济学中，企业是以营利为目的的组织，如果没有环境法规及政策监管，很难要求企业主动关注并保护环境，甚至可能出现以牺牲环境为代价来实现自身利益最大化的企业行为,从而环保产业的"种子"无法找到适合发育的"土壤"。因此,以正向外部性为特征的环保产业对政策及法律法规的依赖性很强。此外,现阶段以末端污染控制为主的环保产业,其所提供的产品和服务一般是非生产性的,市场化程度低,企业发展大多数以污染企业与政府的环保投入所创造的需求拉动,行业的边际利润率低,需要国家的鼓励和扶持。政策因素成为驱动环保行业发展的主要因素。

4.1.4.3　产业渗透性

环保产业不像其他传统产业那样产业界限清晰、产业内容明确,与其他产业相互渗透及相互交叉的程度较高,这一渗透性可以从横向渗透性及纵向渗透性两方面来解释。从横向看,在企业经营的制造生产、销售服务及研发设计等环节,环保产业与其他产业之间均可实现相互渗透。传统产业分类方法很难将横跨多个产业部门、产业分布范围广、产业结构差异大的环保产业进行分类。通过对环保产业横向渗透性的把握,可以突破传统分类方法以具体产品或服务的相似性作为分类标准的局限性,更好地把握环保企业的产业特征。从纵向看,环保产业与国民经济中各产业部门相互渗透,产业关联效应大。一方面,部分环保产业需要以其他产业存在为生存前提,如污染源控制型及污染治理型环保企业难以独立于排污企业而自行发展;另一方面,大量环保产品与服务与第一、第二、第三产业广泛结合,形成水乳交融的局面。

4.1.4.4　技术支撑性

在新经济时代,相比其他传统产业,环保产业这一战略性新兴产业更需要作为第一生产力的科学技术来支撑其发展,污染防治、环境监测、节能减排等领域的发展都离不开科学技术的支持。国家也审时度势,充分强调科技创新在环保领域的突出作用,提出了一系列强化技术支撑环保产业健康发展的保障措施。

4.1.4.5　地区垄断性

区别于农牧业或制造业等行业,环保行业企业往往能够通过获得政府特许经营权形成一定的地区垄断优势,例如环保行业中的水务处理、废气处理、固废处理等项目,获得的政府特许经营权将成为企业重要的无形资产。

4.2 环保行业并购估值方法

环保行业在实际并购活动中使用较多的方法主要有三种,分别为资产基础法、现金流量折现法和剩余收益法。

4.2.1 资产基础法

资产基础法是通过对需要评估的上市公司的各项资产及负债的价值进行合理评估,然后确定企业价值的一种评估方法,主要是通过对企业账面价值的调整来计算企业的内在价值。资产基础法的理论基础是替代原则,也就是作为一个理性的投资者,购买一项资产所意愿支付的价格不会大于建造或者购买另一项相同资产所花费的成本。资产基础法评估出的企业价值等于公司的所有资产的评估值之和。在运用资产基础法评估持续经营的企业时,需要全面考虑单项资产间可能存在的相互匹配的情况及单项资产对于整个企业的贡献程度。此外,为了更加客观地评估企业价值,还需要考虑单项资产在评估升值和溢价时的税收问题。

结合环保行业特点,环保企业在固定设备和厂房方面投入巨大,相应地,环保企业的固定资产占其总资产的比重也就较高,在确定并购目标企业价值时需对固定资产进行谨慎估值。

4.2.2 现金流量折现法

现金流量折现法是目前使用最普遍的一种评估企业价值的方法,也是目前理论价值最大的一种估值方法。它是将企业预期未来现金流量的现值作为股票的内在价值,在模型中充分考虑了时间价值和风险的问题。有研究表明,由于企业价值与企业现金流量的相关性要强于利润,也就是这种估值方法比上面市场价格乘数法准确性更好,因此,当被评价企业能够满足持续经营且具有稳定和可预期的现金流为正值的条件时,比较适合用折现现金流法对企业价值进行估值,这种方式得出的结论更加客观。折现现金流法计算出的企业价值评估实际就是未来现金流的折现值。这种方法的一般计算公式为:

$$V = \sum_{t=1}^{n} \frac{CF_t}{(1+r)^t}$$

其中,V 为公司价值;CF_t 为第 t 期的现金流量值;n 为公司持续经营时间;r 为各期风险的折现率。

现金流量折现法中最重要的三个参数都需要进行合理预测,即公司持续经营的时间、预期现金流及相应风险下的折现率。在折现现金流模型的实践应用中,主要有股利折现估值法和自由现金流估值法两种。股利折现估值法是预测股权投资现金流,然后将股利贴现率作为折现率进行折现计算,最终得出企业股权资本价值;自由现金流估值法是通过预测企业的自由现金流量,其中折现率为加权平均成本率,然后通过折现计算出企业价值。此外,根据预期未来的现金流量变化特点,折现现金流方法还可分为固定增长模型、永续模型、两阶段模型、三阶段模型和多阶段模型。

4.2.3 剩余收益法

剩余收益等于净利润减去创造净利润的股权的机会成本,即扣除了公司所有资本成本后所剩余的利润。剩余收益模型受欢迎的地方源于传统会计的一个缺点,就是企业利润表中包含了债务资本成本的支出,但并没有包含股权资本成本的支出。如果一家企业的利润最后计算是小于股权资本成本,那么即使该企业利润大于零,它仍然没有为股东创造更多价值。剩余收益模型承认了利润全部资本的成本。

在选择环保产业上市公司投资价值的评估方法时要注意到以下因素的影响:

(1) 所选的价值评估模型应该与评估目的、市场情况、评估对象相适应。

(2) 要考虑到评估对象的企业类型、理想化状况等因素的影响。
(3) 需要确认所选理论模型需要使用的数据资料及主要参数的可得性。
(4) 研究模型方法的选择要考虑与具体所研究评估项目的适用性。

4.3 水处理行业不同业务模式下的投资价值分析

水处理行业从技术到业务模式都有了不同程度的发展和创新,越来越开始向国际化的方向靠拢,这里重点介绍水处理行业三种典型的业务模式:水务运营服务模式、工程承包模式、专业的产品制造销售模式。

4.3.1 水处理运营公司的投资价值分析

水处理运营服务是指水处理公司在为客户提供咨询产品的同时,为客户提供运营管理的服务,也被称为水务运营服务。在对从事水处理运营服务的公司的投资价值的分析中,我们运用自由现金流现值模型来计算。自由现金流是企业可向所有投资者支付的现金流。折现自由现金流模型侧重于企业所有投资者的现金流,不用估计企业的借款决策对收益的影响。折现自由现金流模型先确定对所有投资者而言的企业总价值。估计出企业的价值后,就很容易得出股票的价值。这一模型的优点是,在对企业估值时,不需要明确地预测股利、股票回购或债务的运用。企业自由现金流量的计算公式如下:

自由现金流 = EBIT × (1−T) + 折旧 − 资本支出 − 净营运资本的增加

其中,T 为公司所得税税率。

可通过计算企业自由现金流的现值来估计当前的企业价值 V_0:

$$V_0 = \frac{FCF_1}{1+r_{wacc}} + \frac{FCF_2}{(1+r_{wacc})^2} + \cdots + \frac{FCF_N}{(1+r_{wacc})^N} + \frac{V_N}{(1+r_{wacc})^N}$$

折现率为企业的加权资本成本,用 r_{wacc} 表示,反映的是企业总体业务的风险,即企业的股权和债务的组合风险的资本成本。V 是企业的预测期期末的价值，或称持续价值。通常，持续价值的预测是通过对超过 N 年的自由现金流假定一个固定的长期增长率 g 来实现的。

$$V_N = \left(\frac{1+g_{FCF}}{r_{wacc}-g_{FCF}}\right) \times FCF_N$$

企业价值为其自由现金流量的现值加上预测期期末价值的现值。对企业自由现金流量的估计要预测未来的销售收入、营业费用、税费、资本需求及其他因素。一方面，用这种方法估计自由现金流量，使我们在考虑许多关于公司的未来前景的具体细节时更具灵活性。另一方面，围绕每个假设，不可避免地会有一些不确定性，实施敏感性分析就显得尤为重要，它可把这种不确定性转化为一定范围内的潜在价值。

4.3.2 水处理工程公司的投资价值分析

水处理行业的工程公司是指为用户提供解决方案即通常所说的 EPC 工程（Engineering Procurement and Construction）的公司，即工业水处理系统的设计、采购与施工工程。目前的水处理行业的 EPC 设计服务包括工业水处理单元的界区内（ISBL）的全部各单元的初步设计和施工图设计，涉及工艺、管道、设备、自控、电气、电信、总图、建筑、结构、设备、消防、环境保护、劳动安全卫生、概算等专业。采购和施工服务等同于 EPC 工程。当然各个项目视具体情况也会有差别。

我们使用加权平均资本成本对外来现金流量折现，项目的资本成本由其风险决定。若项目的系统风险接近于企业投资的平均风险，其资本成本就相当于企业发行的加权平均资本成本（WACC）。WACC 的计算使用债务的税后成本，包含了债务的利息税盾收益。

$$r_{wacc} = \frac{E}{E+D}r_E + \frac{E}{E+D}r_D(1-T)$$

其中，E 为股权投资市值；r_E 为股权资本成本；D 为（净）债务市值；r_D 为债务资本成本；T 为公司所得税税率。

假设企业保持固定不变的债务与股权比率，则 WACC 保持不变。如果 FCF 为 t 年末投资的期望现金流，则投资的最初有杠杆价值 V_0^L 可表示为：

$$V_0^L = \frac{FCF_1}{1+r_{wacc}} + \frac{FCF_2}{(1+r_{wacc})^2} + \frac{FCF_3}{(1+r_{wacc})^3} + \cdots + \frac{FCF_n}{(1+r_{wacc})^n}$$

使用这个加权平均资本成本模型，依赖如下几点假设：

（1）项目承担平均风险。假设项目的系统风险相当于企业投资的平均系统风险，在此假设下，项目的资本成本可基于企业的风险来估计。

（2）企业的债务与股权比例（D/E）保持不变。假设企业可以持续地调整其债务水平，以使按照市值计算的债务与股权比率保持不变。这一假设决定了企业接受新项目时将要承担的债务额，同时也表明，企业股权和债权的风险，以及加权平均资本成本不会随着债务水平的变动而变动。

（3）公司所得税是唯一要考虑的市场摩擦。假设债务对企业价值的影响主要是通过利息税盾效应起作用的，其他市场摩擦（如财务困境成本或代理成本）在所选择的债务水平上不显著。

影响公司盈利能力连续性和稳定性的主要因素如下：

（1）下游行业大型工业项目投资情况及国家环保政策。例如，创业板上市的万邦达公司，公司下游主要为石油和神华集团等大型知名客户，其投资项目多为国家重点工程。随着国家对能源战略的持续关注，公司将在石油化工、煤化工和电力等行业进行持续大规模投资；并且，随着相关排污标准不断出台，大型工业项目环保服务需求大幅增长，专业环保公司的业务将随之增加。

（2）公司向托管运营领域的业务延伸的机会。水处理设施运行管理的技术要求比较高，需要业主单位配备专业的管理人员，提供及时准确的监控手段，以保证水处理设施稳定高效运行。部分客户难以具备相关条件，容易造成事故隐患，增加运行成本，达不到预期的经济效益和环境效益。特别是一些新建的大型项目，托管运营业务模式越来越受到重视，尤其是在工业水处理系统领域，工业水系统建成后，业主不再自行管理运营，而是有偿委托水处理服务商代为管理，通过专业化的外包服务，以期获得高效率、低成本的运营效果。如果我们分析的公司的目前客户具有这样的特点，将来拓展这一块业务的可能性就大。

4.3.3 水处理产品公司的投资价值分析

水处理产品业务公司是指生产销售水处理系统上所用的设备、材料、化学试剂等的企业。水处理产品最近几年随着中国水处理市场的迅速发展也得到了快速提升，新的产品不断涌现。

在做水处理行业的产品公司的投资价值分析时需要关注以下几点：公司所制造的产品在水处理系统中被使用的位置；市场容量有多大；是否存在替代性产品，如果有，该替代产品是否具有竞争优势；该产品所使用的水处理系统是否为主流工艺选用的设计；发展趋势如何；预测公司产品可能占有的市场份额；结合公司的产品产能状况，计算产品产能释放的程度、产销率预计达到一个什么水平、产品价格水平、原材料的价格水平、成本费用等情况，算出公司的盈利状况；利用证券市场上同类产品的 PE、PB 估值水平，预测公司的股票价格，其中，每股价格＝每股收益（EPS）×PE，每股价格＝每股净资产×PB。

水处理行业上市公司的估计工具其实很简单，都是很常用的财务估值模型，但是真正的难度并不在于公式的运用，而在于怎样确定公式里面的各种参数。根据对水处理行业的了解加上以上对行业的分析，可以总结出一些规律。对于那些拥有核心产品技术、拿单能力突出、管理规范、管理层具有雄心壮志的公司，我们在估值时应加以适当关注。从业务模式来讲，随着水处理单个项目的日益增大，竞争的日渐激烈，产业链的整合成为必然趋势，而从产品公司向工程公司再向水处理运营公司延伸相对比较容易，尤其是那些拥有拿单能力的公司。

4.4 本章小结

本章是基于环保行业的并购估值方法分析。首先阐述了环保行业概念，并将环保行业划分为大气治理、水处理、固体废物处理、噪声与振动控制及其他子行业，并介绍了各个子行业的发展现状。接着梳理了环保行业的发展历程，从萌芽到快速、健康发展，环保行业发挥着越来越重要的作用。本章认为，环保行业产业链主要包括设备提供、工程建设及设施运营三个主要环节。我们还将水污染处理产业链、大气污染防治产业链、土壤污染物修复产业链等不同类型环保产业链的微笑曲线进行对比，并分析、总结出环保行业具有正向外部性、政策依赖性、产业渗透性、技术支撑性等特点，需要政府支持。然后结合环保业特点，对环保行业估值使用最多的资产基础法、现金流折现法、剩余收益法做了分析。最后，本章对水处理行业在不同业务模式下的投资价值进行了分析，即水处理运营公司的投资价值分析、水处理工程公司的投资价值分析、水处理产品公司的投资价值分析，并分析了相关影响因素。

环保企业并购估值方法的修正建议

5.1 对成本法的修正建议

在运用资产基础法时,由于技术支撑性是环保产业的一大特点,这反映了环保类企业属于技术密集型企业,拥有数量众多的核心专利技术,通常无形资产占很大比重。但是立足于过去的资产基础法,其评估的主要依据是评估基准日资产负债表中所表现的账面价值,而资产负债表难以准确反映大部分无形资产的价值,容易造成漏评。

5.2 对市场法的修正建议

运用经典市场法进行企业价值评估时,遇到了以下困难:

第一,难以选择合适的可比企业。其难点表现为两点:①能够用于企业价值评估的企业交易案例很少;②可比企业的判断标准不明确,选择哪一企业作为可比企业主要凭经验,主观随意性大。

第二,企业之间的差异难以准确量化。即使我们找到了一组合适的可比企业,被估企业和可比企业之间仍然存在一些差异,这些差异导致可比企业交易价格的参考意义不同。而对这些差异的量化,目前几乎没有进行,只是

上市公司并购重组的估值方法及案例研究：基于环保企业的视角

在进行加权平均时，根据评估师的经验，做出主观判断，进行权重分配。这种判断缺乏科学依据，因此评估结果的可信程度不高。

导致上述不足的根本原因是企业是一个复杂系统。复杂系统有两个突出的特点：一是影响该系统的因素众多，人们又不可能认识全部因素，只能在有限的一些因素上考察事物，这样一来本来清晰的现象变得模糊了；二是深度延长（难度增大），这带来了数学模型的复杂化。由于企业与单项资产相比较而言要复杂得多，因此，能够在单项资产评估中发挥重要作用的市场法在企业价值评估中一时难以发挥作用。这一现象可以根据扎德总结的互克性原理进行解释。互克性原理指出，随着系统复杂性的增长，人们对其特性做出精确而有意义的描述的能力相应降低，直到达到一个阈值，一旦超过它，精确性和有意义性（或贴近性）几乎成为两个相互排斥的特征。这就是说，复杂程度越高，模糊性越强，精确化程度越低。解决这个矛盾的有效方法之一，就是在"高复杂性"与"高精度"之间架起一座桥梁——模糊数学。

由于运用市场法的关键环节之一是选取可比企业。从理论上讲，一个可比企业应和被评估企业属于同一行业，有相同的增长率和风险。这需要一个发达的交易市场，交易企业的数量多而且行业齐全，同时要求交易市场规范以保证交易企业的定价是基本合理的。这一条件是非常苛刻的，现实中不可能存在如此理想的可比企业。但是如果能够运用科学的数学方法进行差异修正和价格调整，是完全可以选在行业、业务组合、风险及增长率方面有相对差异的企业（即相似企业）作为可比企业的。目前，这些进行差异修正和价格调整的数学方法有直接打分量化修正的方法，以及采用多元回归分析方式估计某一价格比率，计算回归值，选用各行各业的公司并根据其特征差异给予不同的权重的方法等，但是这些方法依然未能解决主观性大的问题。

因此，为了解决市场法在企业价值评估中存在的问题，提出了基于模糊数学的市场法改进思路。企业价值评估市场法的改进思路为：选择几个参照企业，根据选定的多个特征指标，利用模糊数学理论计算企业间的贴近度，从而量化企业间的相似程度，然后以贴近度为基础，用指数平滑法赋予各可比企业相应的权重，用加权平均的方法确定被评估企业的价值。该方法不再通过主观评价量化各企业间的差异，而更多地依靠直接数据，进而可以最大限度地减少人为因素的影响。另外，该方法可以同时选择多个特征指标进行比较，能够更为全面地评价企业。

5.3 对收益法的修正建议

环保产业具有政策依赖性，企业发展大多依靠污染企业与政府的环保投入所创造的需求，这揭示了环保类企业的政策风险较大，未来发展的不确定性增加。而采用立足于未来的收益法评估企业价值是否准确取决于能否合理预期企业的未来收益。对于政策风险较大、不确定性极强的环保企业，其企业价值评估假如用收益法，评估结果会出现一定的误差；此外，在收益法下，企业评估价值的巨大变化很可能仅仅是由于评估参数细微的变动，比如折现率的变动；并且环保企业尚属于成长期，出于企业扩张及研发新技术的目的，很可能现金流量一段时期内呈现负数。因此，在市场机制发育不甚完善的环保企业价值评估中，对市场成熟度要求较高的收益法有一定的局限性。

运用 EVA 评估方法对企业进行价值评估时，对企业未来发展所处阶段的划分及未来发展速度的预测存在一定的主观性。EVA 起源于美国的业绩评价指标，要运用我国企业的评价需要对资本结构和会计方法进行差异调整。而且 EVA 本身也要多项调整才能得到精确结果，计算方法复杂，资料获取难度大。

5.3.1 剩余收益估价模型的改进

5.3.1.1 利用改进后的杜邦财务分析体系预测剩余收益

由于传统的杜邦财务分析体系的财务指标的计算口径与剩余收益中的综合收益的计算口径不一致，所以我们要对其进行改进，采用改进后的杜邦财务分析体系对剩余收益进行分解测算。这里仅以权益剩余收益模型为例进行分解，经营剩余收益模型的分解同理可得。根据改进的杜邦财务分析体系得到股东权益收益率的变形公式如下：

$$ROE_t = (OIAT_t - IAT_t)/BSC_t = OIAT_t/BSC_t - IAT_t/BSC_t = (OIAT_t/NOA_t) \times (NOA_t/BSC_t) - (IAT_t/NL_t) \times (NL_t/BSC_t) \tag{5-1}$$

$$NOA_t = NL_t + BSC_t \tag{5-2}$$

把式（5-2）代入式（5-1）得到式（5-3），具体如下：

$$ROE_t = (OIAT_t/NOA_t) \times (1 + NL_t/BSC_t) - (IAT_t/NL_t) \times (NL_t/BSC_t) = (OIAT_t/NOA_t) + (OIAT_t/NOA_t - IAT_t/NL_t) \times (NL_t/BSC_t) = RNOA_t + (RNOA_t - RIAT_t) \times NFL_t = RNOA_t + OD_t \times NFL_t = RNOA_t + LC_t \tag{5-3}$$

在不存在优先股的情况下，将下式变形得到式（5-4）：

$$BV_{t-1} = S_t \times (A_{t-1}/S_t) \times (BV_{t-1}/A_{t-1}) = S_t \times (1/ATO_t) \times (1/EM_{t-1})$$

$$BV_{t-1} = BSC_{t-1} = S_t \times (NOA_{t-1}/S_t) \times (BSC_{t-1}/NOA_{t-1}) = S_t \times (1/NOATO_t) \times (NOA_{t-1} - NL_{t-1})/NOA_{t-1} = S_t \times (1/NOATO_t) \times [1/(1+NL_{t-1}/BSC_{t-1})] = S_t \times (1/NOATO_t) \times [1/(1+NFL_t)] \tag{5-4}$$

将式（5-3）代入式（5-4）得到式（5-5），具体如下：

$$RI_t = S_t \times (1/NOATO_t) \times [1/(1+NFL_t)] \times [(RNOA_t + LC_t) - K_e] \tag{5-5}$$

其中，

$$RNOA_t = OIAT_t/BSC_t = (OIAT_t/SR_t) \times (SR_t/BSC_t) = ROIAT_t \times NOATO_t \tag{5-6}$$

$$LC_t = (RNOA_t - RIAT_t) \times NFL_t = OD_t \times NFL_t \tag{5-7}$$

将式（5-5）和式（5-6）代入式（5-4）得到式（5-7），具体如下：

$$RI_t = S_t \times (1/NOATO_t) \times [1/(1+NFL_t)] \times [ROIAT_t \times NOATO_t + (RNOA_t - RIAT_t) \times NFL_t - K_e] \tag{5-8}$$

其中，$OIAT_t$ 为税后经营利润；IAT_t 为税后利息；NL_t 为净负债；NOA_t 为平均净经营资产；$RNOA_t$ 为净经营资产利润率；$RIAT_t$ 为税后利息率；NFL_t 为净财务杠杆；OD_t 为经营差异率；LC_t 为杠杆贡献率；$ROIAT_t$ 为税后经营利润率；$NOATO_t$ 为净经营资产周转率。可以看出，对净经营资产利润率和杠杆贡献率的分解与传统的杜邦财务分析体系相比，所得的数据更合理，得出的结论更准确。利用式（5-7）对企业未来预测期的销售额、净经营资产利润率、净财务杠杆、净经营资产周转率、税后经营利润率及税后利息率六个财务指标进行预测就可以间接得到剩余收益，再应用到 RIVM 中就能得到更合理、准确的公司评估价值。

5.3.1.2 以市净率为基础对剩余收益模型进行变形

剩余收益模型本质上属于收益评估法的一种,其持续经营假设条件直接导致后续期剩余收益的预测难以进行。RIVM 在实务操作应用中存在与 DDM 及经济利润模型相同的问题,即基于企业持续经营假设涉及怎样合理预测未来期间的剩余收益及其持续期限的问题。在评估实务中,需要对未来的剩余收益进行各种假设,目前一般存在零增长假设、二阶段增长假设、H 增长假设和三阶段增长假设等。所以,RIVM 应用的成功与否在很大程度上取决于对未来预测的准确性,如果预测不当会导致评估结果出现很大偏差。但是由于持续经营假设的存在,需要进行无限期预测,目前的做法是把预测期划分为明确预测期和后续期,这样就把公司的价值分为明确预测期的价值和后续期的价值。具体公式如下:

$$V = BV_0 + \sum_{t=1}^{n} RI_t/(1+K_e)^t + \sum_{t=n+1}^{\infty} RI_t/(1+K_e)^t$$

明确预测期是指在误差允许的范围之内的能够较为准确预测的时间区间,一般在实务中 n 被确定为 5 年,最多不超过 10 年。后续期是指预测已经超过误差允许的范围,所以一般采用简化预测的方式来确定后续期,这样就出现了以上几种假设。对于上式我们很容易发现其存在三个问题:首先,对于后续期的简化计算的准确度无法测定;其次,当假设 t 趋于无穷大时,暗含着企业经营寿命是无限的,然而在现实经济生活中,企业的寿命一般是有限的;最后,持续经营假设暗含企业在后续期会获得零增长或固定增长的剩余收益,这在现实经济生活中是不可能存在的,是一种超出现实的理想的假设。所以,剩余收益的预测和存续期的确定是应用 RIVM 需要解决的问题,其预测的精确度直接决定评估结果的可靠性和有用性。

但是如果将下式进行以下变形得到式(5-9),则可以一定程度上改善模型。

$$V_t = BV_0 + RI_1/(1+K_e) + RI_2/(1+K_2)^2 + \cdots + RI_t/(1+K_e)^t + (P_t - BV_t)/(1+K_e)^t$$

$$V_t = BV_0 + \sum_{t=1}^{n} RI_t/(1+K_e)^t + (P_n - BV_n)/(1+K_e)^n$$

$$= BV_0 + \sum_{t=1}^{n} RI_t/(1+K_e)^t + [(P_n/BV_{n-1})BV_n]/(1+K_e)^n]$$

$$= V_{1\sim n} + V_{n+1\sim\infty} \tag{5-9}$$

其中，$V_{1\sim n}$ 为明确预测期的价值；$V_{n+1\sim\infty}$ 为后续期的价值。由于 n 一般为 5~10 年，所以 $V_{1\sim n}$ 容易预测，$V_{n+1\sim\infty}$ 为 $[(P_n/BV_{n-1})BV_n]/(1+K_e)^n$。

在式（5-9）中，市净率大于 1 则后续期的价值大于零，表明公司仍在创造价值；市净率小于 1 则后续期的价值小于零，表明公司价值在减小；市净率等于 1 则后续期的价值等于零，表明公司后续期的剩余收益为零，企业不能实现股东财富的增加。国外学者 Beaver、Freeman、Ohlson 和 Penman 的研究结果表明，公司的投资收益率服从均值回归分布，并趋向于公司资本成本。而 Ohlson 在后来进一步提出了剩余收益时间序列服从自回归分布，并逐渐趋于零，表明式（5-9）中的市净率的时间序列趋于 1。这与长期均衡理论及企业生命周期理论是完全一致的，从而增强了 RIVM 在理论上的可解释性。在式（5-9）中引入预测期期末的市净率，把后续期的价值的计算转化为 P_n/BV_n 的计算，即计算 n 年的 P/B（市净率）的值，这样就巧妙地避免了企业寿命预测和无期限剩余收益预测的难题。变形后的 RIVM 在公司价值评估中应用的重点转化为如何确定预测期期末的市净率。至于预测期期末 P/B 的计算，我们可以利用企业的价值驱动指标，如成长性指标、收益指标和资产规模指标等寻找目标可比公司，然后采用它们的 P/B 的值利用移动平均法、时间序列模型等进行预测，这使 RIVM 的实际应用更具有可操作性。

5.3.2 威斯通模型的改进

5.3.2.1 对该模型的一点修正

假设再投资收益率（此定义为销售收入增加额与再投资额之比）为 r，则 $g=I\times r$。由于在式（5-10）的第二项中让 R_0 以 g 的比率增长 n 期，因此企业自第 0 期始至第 n-1 期分别进行了再投资，而自第 n 期开始的以后各期不再追加投资。从而威斯通模型应修正为：

$$V_0 = R_0[m(1-T) - I]\sum_{t=1}^{n-1}\frac{(1+g)^t}{(1+k)^t} + \sum_{t=n}^{\infty}\frac{R_0(1+g)^n[m(1-T)]}{k(1+k)^t}$$

$$= R_0[m(1-T)-I]\sum_{t=1}^{n-1}\frac{(1+g)^t}{(1+k)^t}+\frac{R_0(1+g)^n[m(1-T)]}{k(1+k)^{n-1}} \quad (5-10)$$

下面分析该模型中超常增长期的实质：模型中的企业销售收入增长 n 期意味着第 0 期至第 n-1 期具有正净现值的新投资机会，企业将税后营业利润的一部分进行了再投资；否则，这期间若不具有正净现值的新投资机会，尽管进行追加投资同样可以带来年销售收入的增长，但并不能为企业创造新价值，说明企业不具有真正的增长机会。这里记再投资利润率（定义为税后营业利润增加额与再投资额之比）为 r′，有 r′=rm（1-T），那么模型隐含的假设条件是：在第 0 期至第 n-1 期内均满足 r′>k，自第 n 期开始企业不具有这样的再投资机会。

5.3.2.2 基于不同投资策略的新估值模型

由上述分析可知，在修正后的威斯通超常增长后无增长模型，即式（5-10）中，企业在第 0 期至第 n-1 期内的各期将税后营业利润的一部分（再投资额占销售收入的比例为 I）投资于利润率为 r′ 的项目上，而剩余部分 $R_0(1+g)^t[m(1-T)-I]$ 作为自由现金流；自第 n 期开始，即无增长阶段，由于不再具有正净现值的投资机会，企业不再进行追加投资，因此各期的税后营业利润即为该期的自由现金流，且均为 $R_0(1+g)^t[m(1-T)]$。

本书考虑企业在超常增长期间采用如下投资策略：企业在第 t 期（t=0，1，…，n-1）将 $R_0(1+g)^t$ 投资于预期利润率为 r′ 的项目，而将税后营业利润的剩余部分 $R_0(1+g)^t[m(1-T)-I]$ 不是作为自由现金流，而是投资于预期利润率仅等于企业加权平均资本成本 k 的项目上（即净现值为零的投资项目）。在随后无增长阶段和威斯通的假设一致。

根据这一假设，企业在未来的第 1 期至第 n-1 期的自由现金流均为 0，而从第 n 期开始，企业不再追加投资，各期的税后营业利润即为该期的自由现金流，且均等于第 n 期的税后营业利润 $R_n[m(1-T)]$，即 $FCF_1 = FCF_2 = \cdots = FCF_{n-1} = 0$，$FCF_n = FCF_{n+1} = \cdots = R_n[m(1-T)]$。

由于

$$R_1[m(1-T)] = R_0[m(1-T)] + R_0 g[m(1-T_0)] + R_0[m(1-T)-I]k$$

$$= R_0[m(1-T)]\left\{1+g+\left[1-\frac{I}{m(1-T)}\right]k\right\}$$

$$R_n[m(1-T)] = R_0[m(1-T)]\left\{1+g+\left[1-\frac{I}{m(1-T)}\right]k\right\}^n$$

记 $g' = g + \left[1 - \frac{I}{m(1-T)}\right]k$，$g'$ 为新投资策略下超常增长期内销售收入的增长率。根据贴现现金流公式可得如下一个较简明的模型，其中，$R_1 = R_0(1+g)$。即为在超常增长期不同投资策略下的一个新的估值模型。

$$V_n = \sum_{t=n}^{\infty} \frac{R_n[m(1-T)]}{(1+k)^t} = \frac{R_1[m(1-T)]}{k}\left(\frac{1+g}{1+k}\right)^{n-1}$$

5.3.2.3 新估值模型与威斯通模型的比较

暂时超常增长而后无增长的威斯通模型与新的估值模型的不同之处在于：在超常增长期间，威斯通模型假设企业用于再投资后的剩余部分 $R_0(1+g)^t[m(1-T)-I]$ 作为自由现金流，而新的估值模型将其投资在预期利润率等于企业平均加权资本成本 k 的项目上。新估值模型中的投资策略使投资在预期利润率为 r′ 的项目上的投资额较大，原因在于投资于预期利润率为 k 的项目带来的税后营业利润的一部分也投在了预期利润率为 r′ 的项目上。因此，按照新模型中的投资假设，企业会创造更大的价值。事实上，I/m(1-T) 代表自第 0 期至第 n-1 期每期投资在预期利润率为 r′ 的项目上的投资额占税后营业利润的百分比，而 1-I/m(1-T) 为投资于利润率仅为 k 的项目的投资额占税后营业利润的比例。只要 0<I/m(1-T)<1，新的投资策略将使超常期内销售收入的增长率 g′ 大于估值模型中的增长率 g，从而新的估值模型所得结果较大。但需要说明的是，这并非意味着哪个模型更优，毕竟两者是基于不同的投资策略假设。实际预测时要根据并购企业双方的具体情况做出模型选择。

通过对威斯通的固定增长模型和超常增长而后无增长模型的进一步研究，可以得出如下结论：①威斯通的超常增长而后无增长模型中第 n 期的自由现金流应改为该期的税后营业利润，因为自该期始企业无须进行再投资。②对于未来拥有超常增长期的企业而言，若在此期间将税后营业利润的一部分投资于正净现值的项目，剩余部分不是作为自由现金流，而是投资于净现值为零的项目，企业价值会更大。

5.4 对实物期权估值法的修正建议

传统的评估方法如贴现现金流量折现法,将高风险转化为高的折现率,对项目的未来现金流量进行折现,以此估算项目的价值。这种方法没有考虑到高风险可能会带来的未来的高收益,没有考虑到项目中包含的未来选择权,即投资项目的柔性管理价值,也就是投资项目中包含的实物期权的价值。为了合理评价新能源企业的价值,本书运用 BP 神经网络对实物期权的经典模型 B-S 模型进行了改进,得到了改进的实物期权模型。

运用 B-S 模型来计算实物期权时,一些变量的输入需要投资者主观估计,容易造成计算结果不准确。另外,由于 B-S 模型的前提假设比较苛刻,常常与实际情况不符,其应用受到了很大的限制。

5.4.1 BP 神经网络

BP 神经网络是一种多层前馈神经网络,全称为基于误差反向传播算法的人工神经网络,其中 BP 是 Back Propagation 的缩写,目前已经被广泛应用。该网络由输入层、隐含层、输出层三部分组成,其中隐含层可扩展为多层。相邻层之间各神经元进行全连接,而每层各神经元之间无连接。当一对学习样本输入网络后,各神经元获得响应产生连接权值,然后按减小目标输出与实际输出误差的方向,从输出层经各隐含层逐层修正各连接权,再回到输入层。经过不断进行此过程,使网络对输入信号响应的正确率越来越高,最终使全局误差趋向给定的极小值,即结束学习过程。

由于神经网络具有非线性学习的能力,即使对原始数据不做特别的处理也是能够学习的。但是从提高学习效率和收敛速度的角度来看,适当的处理可以提高神经网络对未学习数据的正确应答能力,从而提高预测的精确度。我们采用线性化处理方法,将学习数据进行归一化处理,其变换关系如下:

$$x'_i = \frac{x_i - \min(x)}{\max(x) - \min(x)} \tag{5-11}$$

其中，x_i 表示每一列中的第 i 行数值；min（x）表示每一列数据中最小的数值；max（x）表示每一列数据中最大的数值。经过以上处理，所有数据都被归一化为 [0, 1] 内的数，减小了识别数据的动态范围，提高了预测成功的可能性。

5.4.2 遗传算法

遗传算法（Genetic Algrithm，GA）是一种将达尔文进化理论与计算机科学相结合的随机非线性搜索算法，该方法在求解优化问题方面具有很好的应用性。在应用遗传算法时，首先要将优化问题的可行域中的点编码成字符串，每个字符串代表一个染色体，所有的染色体作为进化的第一代群体。设第一代群体中有 N 个个体，由于每个个体对应一个目标函数值，由此来计算每个染色体的适应度。一般用误差函数的倒数来评价染色体的适应度，误差越小，适应度越大。根据优胜劣汰的原则，选择适应度大的个体通过一定的概率进行选择、交叉、突变等生成后代，即得到一个新的群体。重复这种寻优的算法，整体的适应度逐渐提高，经过若干代的繁衍以后，会得到一个最佳的结果。

与神经网络不同，在处理多峰值的最优解的时候，遗传算法不是仅在局部搜索，而是对所有的个体同时并行进行处理，具有极佳的全局搜索能力。由于遗传算法操作比较简单，而且效果好，所以被广泛应用于很多领域。

5.4.3 遗传算法和 BP 神经网络模型的结合

BP 神经网络的本质是梯度下降，具有一些固有局限，如学习时收敛的速度慢、对最优解的搜索为局部搜索、不容易找到全局最优解。另外，BP 神经网络在确定最佳网络结构时具有很大的不完全性，网络性能差。

在运用 BP 神经网络进行学习时，得到的最终结果是由初始权值决定的，不同的权值和阈值会得到不同的结果。BP 神经网络在确定初始权值时只是依赖局部信息，所以确定的权值不一定能得到全局最优值。遗传算法根据目标函数计算适应度，从全局进行搜索，并行计算，选择适应度最好时的权值为最佳权值。通过遗传算法来优化 BP 神经网络,使两种方法实现优势互补,既提高了学习的速度,又考虑了全局信息,使得到的结果更精确。

5.4.4 模型的构建

采用结合遗传算法确定最优权值的 BP 神经网络对 B-S 模型进行改进,克服了现有企业价值评估中 B-S 定价模型中存在的一些问题,如假设条件苛刻、变量主观性强等,使企业价值评估更客观、更准确,从而有利于投资者做出正确的投资决策。

通过 B-S 模型我们可以清晰地看出影响实物期权价值的关键因素,包括标的资产的现值 S、执行价格 X、企业价值的波动率 σ、执行时间 t、无风险利率r_c。我们将这五个影响因素作为 BP 神经网络的输入变量,建立改进的实物期权模型,来评估上市企业的价值。

对上市公司进行下列参数估计:

首先估计标的资产的现值 S。对于上市公司而言,其资产负债表上的总资产的价值可以视作公司自身交易的价格,对企业价值有很好的代表性。以上市公司的总资产作为标的资产的现值 S,可以使所用的数据具有统一的标准,有利于对同类的上市公司及整个市场的情况进行合理的分析。

其次估计执行价格 X。如果用公司的总资产来代表企业的价值,则企业价值由负债和股东权益组成。负债是指企业所承担的现时义务,而股东权益则是企业价值扣除负债的剩余价值,股东对它有灵活使用权。由此看出,股权具有期权的性质。对于金融期权的看涨期权,期权价值等于市场价格减去执行价格(C=S-X),本书将企业的股权作为 C,总资产为 S,则可以得到该实物期权的执行价格 X 为公司的债务价值。

再次估计企业价值的波动率 σ。在资本结构一定的情况下,企业价值的波动主要是由于股权价值的波动。对于上市企业来说,企业价值的波动率可以近似地等同于股价的波动率。统计上市公司一段时间内的交易日的收盘价数据,计算日收益率的标准差,以此算出日波动率,再乘以交易日数的平方根,即得到该上市公司的历史波动率。计算日收益率的具体公式如下:

$$u_i = \ln \frac{S_i}{S_{i-1}}$$

其中，u_i 表示日收益率，S_i 表示股票第 i 天的收盘价，S_{i-1} 表示股票第 i-1 天的收盘价。

又次估计执行时间 t。当企业寿命结束进行清盘时，期权价值才得以实现，即实物期权的执行时间为企业尚可存续的年限。企业的寿命受很多因素的影响，如宏观经济、自然环境、国家政策、管理者的能力、企业核心竞争力等，在估计企业寿命时应综合考虑这些因素。

最后估计无风险利率 r_c。无风险利率应当用无违约风险的固定证券收益来估计，如国库券的利率。具有不同到期时间的国库券的利率不同，本书选择与期权到期年限相同的国库券利率。如果一年发行多期具有相同到期年限的国库券，则取平均值。如果当年没有发行与期权到期年限相同的国库券，则参考时间最相近的国库券。

将以上五个因素由式（5-11）归一化后作为神经网络的输入变量，输出的目标值为实际的期权价值 C。因为股权具有期权的性质，我们认为实际的期权价值为股权价值，确定股权价值时采用净资产定价法，具体计算公式为：

股权价值＝股价×流通股股数＋每股净资产×非流通股股数

计算出来的股权价值再与债务价值加总便得到我们需要评估的企业价值。

5.5 本章小结

本章主要对环保企业并购估值方法提出了修正建议，分别对成本法、市场法、收益法、实物期权法提出了修正建议。

运用经典市场法进行企业评估时，通常会遇到难以选择合适的可比企业、企业之间的差异难以准确量化等问题，导致评估结果的可信程度不高。因此，我们利用了模糊数学的方法对市场法评估企业进行改进。选择几个参照企业，根据选定的多个特征指标，利用模糊数学理论计算企业间的贴近度，从而量化企业间的相似程度，然后以贴近度为基础，用指数平滑法赋予各可比企业相应的权重，用加权平均的方法确定被评估企业的价值。

关于收益法的估值，在市场机制发育不甚完善的环保企业价值评估中，对市场成熟度要求较高的收益法有一定的局限性。我们对剩余收益估值模型做了一些修正，利用改进后的杜邦财务分析体系预测剩余收益，以市净率为基础对剩余收益模型进行变形。然后对威斯通模型做了一些修正，修正了第 n 期的现金流，改变了原假设，新的假设为将税后营业利润的剩余部分不是作为自由现金流，而是投资于预期利润率仅等于资本成本的项目（净现值为0），无增长阶段假设一致，然后得到新的估值模型。

关于实物期权法的估值，运用 B-S 模型计算实物期权时，一些变量的输入需要投资者主观估计，容易造成计算结果不准确。采用结合遗传算法确定最优权值的 BP 神经网络对 B-S 模型进行改进，克服了现有企业价值评估中 B-S 定价模型中存在的一些问题，如假设条件苛刻、变量主观性强等，使企业价值评估更客观、更准确，从而有利于投资者做出正确的投资决策。

环保水务行业并购重组估值方案案例分析

6.1 南昌水业并购温州宏泽热电案例分析

6.1.1 并购案例背景介绍

6.1.1.1 宏观经济背景

(1) 宏观经济形势。近年来,我国经济形势呈现稳中求进的发展态势,经济增长速度明显放缓,总体上呈现下行的趋势。如图6-1所示,2010年以来,我国GDP增速不断放缓,远远低于2010年以前的GDP增速,但GDP总量还是呈现出逐年增长的发展趋势,国民经济稳中求进。

2017年,我国国民经济稳中求好、好于预期,经济活力、动力和潜力不断释放,稳定性、持续性和可协调性明显增强,实现了平稳健康发展。首先,经济运行保持在合理区间,四大宏观指标稳中求好、好于预期。其中,如图6-1所示,2017年GDP实际增长6.9%,达到827122亿元,首次超过80万亿元,实现了2010年以来经济增长首次提速。其次,2017年创新发展持续发力,新动能继续较快发展,经济增长质量和效益提升。最后,中国经济发展呈现新时代五大特征:①以供给侧结构性改革为主线,以工业发展为中心提升发展质量;②以产业发展和结构优化推进经济结构的优化提升;③立足

6 环保水务行业并购重组估值方案案例分析

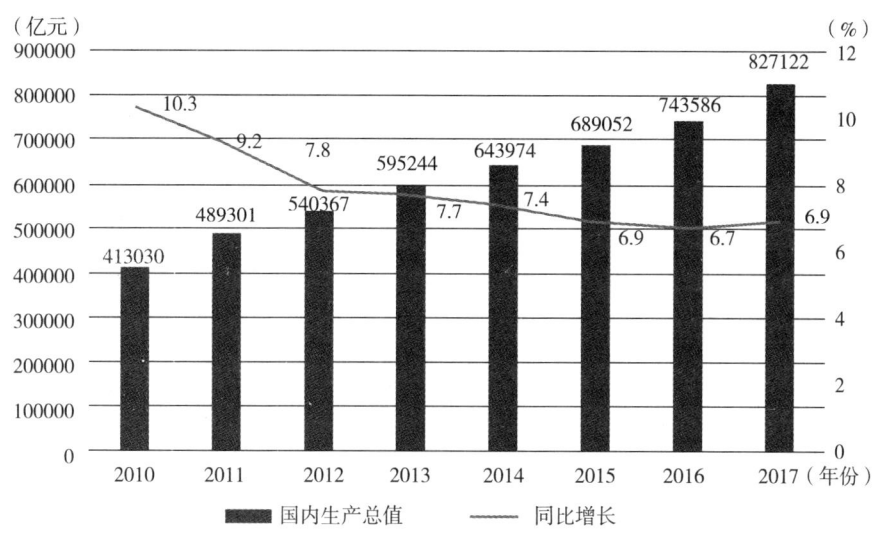

图 6-1 2010~2017 年我国 GDP 总量和增速

资料来源：国家统计局。

于企业效益和环境效益全面推进效益优先；④"三驾马车"和创新发展成为动力提升的重要支撑；⑤收入、物价、城镇化和房地产的良好运行成为我国经济平衡稳健的重要保障。总的来说，当前中国经济的基本面是好的，结构调整、优化升级在加快进行。

（2）并购重组整体状况。根据万得中国并购库，境内并购和出境并购以完成日为基准，2015~2017 年分别发生 2903 单、3021 单、4175 单，交易金额分别为 1.59 万亿元、1.69 万亿元、1.62 万亿元；以公告日为基准，2015~2017 年分别发生 6783 单、5192 单、8173 单，交易金额分别为 2.92 万亿元、3.18 万亿元、2.77 万亿元。

如图 6-2 所示，2017 年并购数量远超 2016 年，这意味着伴随中国经济的发展、各项改革的深入，越来越多的企业开始采取并购这种方式进行产业整合和升级，提升自己的竞争力，以更好地满足市场需要或拓展业务边界。2017 年单笔交易规模较 2016 年大幅下降，主要原因是单笔超过 50 亿元的大额交易从 100 单下降到 81 单，交易金额从 1.78 万亿元下降到 1.21 万亿元。

2017 年工业、金融、房地产、材料、可选消费、信息技术并购单数分别

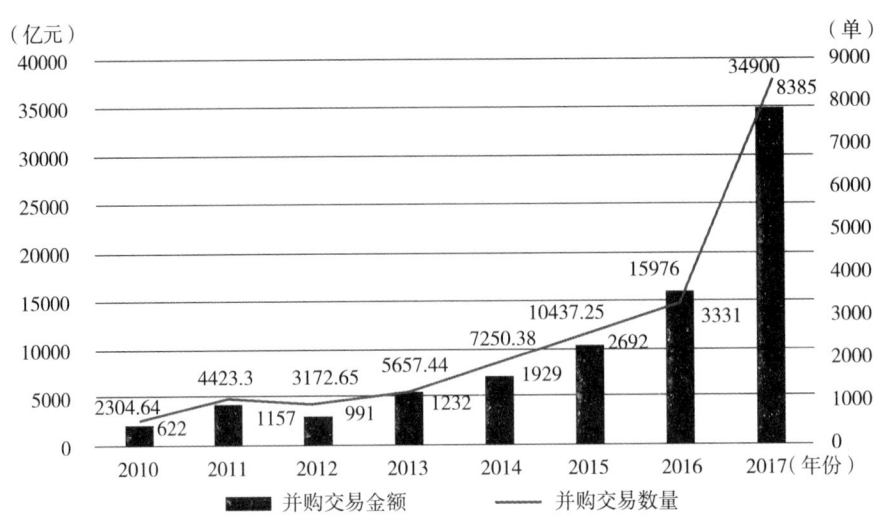

图 6-2 2010~2017 年并购交易金额和数量

资料来源：万得中国并购库。

为 1195 单、692 单、301 单、562 单、649 单、916 单，交易金额分别为 6066 亿元、3237 亿元、3201 亿元、2815 亿元、2568 亿元、2478 亿元。从 2014 年开始，工业一直是中国并购市场的重点领域，并购项目占比在 20% 左右。金融、房地产等行业的交易规模和交易活跃程度也一直保持较高水平。

2017 年，上市公司并购重组交易金额为 2.3 万亿元，其中上市公司为交易买方的交易金额 1.7 万亿元，上市公司为交易卖方的交易金额 0.6 万亿元。上市公司并购重组交易金额占比约 70%，上市公司是并购重组市场的核心力量。在比例上，2015~2017 年参与并购的上市公司占比分别为 67.5%、51.5%、44.7%，尽管占比趋于下降，但和 2014 年以前比仍保持较高水平。

2017 年出境并购 374 单，比 2016 年增加 47 单；出境并购交易金额 4576 亿元，比 2016 年下降 52%，海外并购趋于理性。在并购目的上仍以横向整合和资产调整为主，占比分别为 36% 和 17%，上市公司更加专注于以产业资源整合为重点的市场化并购重组。在支付方式上以现金收购为主，占比达 81%。在并购方式上以协议收购、二级市场收购、增资为主，占比分别为 48%、27%、15%；发行股份购买资产、要约收购、吸收合并、资产置换分别为 315

单、22单、16单、16单，占比分别为3.85%、0.27%、0.20%、0.2%。

从2014~2017年完成的重大重组事件来看，重组的目的主要为横向整合和多元化战略，两项合计占比为69.7%、65.53%、74.81%、78.97%；重组上市在2014年、2015年占比分别为18.94%、12.97%，2016年、2017年占比分别为8.78%、3.59%，占比不断下降并逐渐成为非主流模式。注入资产净资产评估值与注入资产净资产账面值之比为2.65、2.58、2.3、2.15，高溢价在一定程度上得到遏制。估值方法主要为收益法，占比为69.92%、70.85%、66.79%、64.68%，其次为资产基础法，占比为15.04%、17.63%、20%、18.41%。重组形式主要为发行股份购买资产，占比为80.45%、75.59%、63.4%、66.17%，其次为协议收购，占比为13.53%、19.66%、29.81%、23.88%。

6.1.1.2 热电行业发展前景

（1）供给侧背景。

大量垃圾包围城市，给环境和社会发展造成沉重压力。近年来，随着国家对环保的要求日益提高，垃圾发电相关产业链正在不断完善，目前我国城市生活垃圾主要通过填埋、堆肥、焚烧三种方式进行处理，以实现"减量化、无害化、资源化"的目标。其中，垃圾焚烧是近几年发展最为迅速的技术，其可以有效减少垃圾容量75%以上，节省土地，不易产生污水渗透等污染，且产生的热值可用来供热、发电等再利用。鉴于以上优势，垃圾焚烧发电有望成为东部发达地区垃圾处理的主流方式。

我国垃圾发电行业属于环保、新能源和市政基础设施建设的结合体，是国家鼓励发展的新兴产业。城市垃圾中也蕴含着巨大的资源潜力和经济效益。"十二五"期间，我国城市生活垃圾无害化处理设施建设投资总量已达到约2600亿元，其中对设施的投资额占总投资的65.6%，严峻的现状和国家的政策扶持将使垃圾发电产业迎来历史性机遇。

温州洪泽热电2014年底投产的污泥焚烧综合利用热电项目主要利用污水处理厂的产出污泥混合煤料进行焚烧发电、2016年底投产的工业固废资源综合利用热电联产项目则是利用当地特色产业——合成革废料来焚烧发电。洪泽热电处置的污泥、造革废料等，在其投产之前均交由垃圾填埋场处理，投产后则大大减小了原垃圾填埋场的库容压力，同时该两项固体废弃物皆有长期稳定的供给来源，是企业存续经营的良好保障。

（2）需求侧背景。

热电联产是电力行业的重要分支之一，截至2014年底，热电联产机组容量在火电装机容量中的比例达30%以上。火力发电按其功能可分为两类，即凝汽式和热电式。凝汽式发电仅向用户供应电能，而热电式发电除供给用户电能外，还向用户供应蒸汽和热水等热能，即热电联产发电。

利用常规化石能源燃烧生成高温烟气或加热形成蒸汽等，烟气或蒸汽介质推动轮机运行，带动发电机发电的方式，存在大量的余热损失。热电联产是根据能源梯级利用、清洁利用、资源循环利用的原理，将不同品位的热能分级利用，高品位热能用于发电，低品位热能用于集中供热，同时生产热能和电能的生产方式。因此，热电联产具有节约能源、改善环境、提高供热质量、增加电力供应等优点。

我国城市集中供热主要有蒸汽和热水两种形式，浙江地区主要以蒸汽的方式进行供热。供热客户主要分三类：一是热力公司；二是工业企业，主要是造纸、电镀、服装、印染等厂家；三是商贸服务类，主要包括医院、酒店、公共建设、洗衣店、饭店等。宏泽热电目前仅以第二类为供热客户。用热量主要与所辖区域属性及发展水平关联性较大，同时不同季节、不同时段用汽量也会有较大差别。一般情况下，热电联产企业在所在城市或区域都有较为明确的供热范围，担负着供热范围内的集中供热，或者销售给热源半径内的热力公司的热源点，根据《浙江省热电联产行业环境准入指导意见》的相关要求，以蒸汽为供热介质的热电联产项目覆盖的供热半径范围内不重复规划建设此类热电项目。因此，热电联产具有区域自然垄断特点，宏泽热电拥有园区半径15千米的供热专营权。

近几年，在国家的大力支持和地方政府的高度重视下，中部和南部地区布局了一批区域性的热电联产供电站，建设了一定数量的背压式供热机组。我国热电装机容量从2011年的20387万千瓦增长至2014年的28326万千瓦，热电装机占火电装机比重从2011年的26.7%上升至2014年的30.84%。我国热电联产行业已进入成熟期，随着城市和工业园区的深化改革，热电联产集中供热需求增长、稳步发展。

(3) 行业竞争格局。

热电联产行业属地性很强，同时由于行业本身供热半径的限制，绝大部分为中小规模企业，企业数量众多，相对于传统大型火电厂规模偏小且地域分散，行业集中度较低。热电联产行业遵循"以热定电"的原则，行业竞争主要体现在蒸汽和电力销售方面。

供热销售方面，一般供热企业在本区域内具有区域垄断性。如果某一供热企业计划在新的区域内进行供热，前期需要完成管网铺设、热源点布局等长期基础性工作，因此需要较大的资金支持。在电力销售方面，目前多以区域电网电力调度方式为主，主要竞争对手为本区域电网内的其他电力生产企业。由于目前各发电企业的电力销售量是以电力企业与电网公司或省属电力公司确定的发电计划为主，且各发电企业上网电价受不同发电类型、环保设施安装情况等因素影响各不相同，因此，在电网公司实际的电量调度过程中，区域内电力企业间的竞争并不明显。目前，热电联产行业竞争主要体现在资金实力较强、运作水平高的企业对原供热范围以外的区域进行扩张或对其他热电联产企业进行兼并、收购，从而拓展供热区域。洪泽热电作为当地唯一的热电联产企业，已获得《关于同意温州洪泽热电专营热力管网经营蒸汽业务的批复》，其区域性垄断能力还将随着《浙江省地方燃煤热电联产行业综合改造升级行动计划》（浙经信电力〔2015〕371号）2017年底的贯彻落实进一步大幅度提升。

6.1.1.3 有利因素和不利因素

（1）有利因素。

1）政策支持。国家政策支持有助于推动行业向节能、环保方向健康发展。近年来，国家不断出台各种法律法规和行业发展规划，鼓励以热电联产、清洁煤及新能源等高效率、低污染的热力生产方式推进集中供热发展。2015年发布的《浙江省地方燃煤热电联产行业综合改造升级行动计划》中，进一步强调了加快推进地方热电综合改造升级，实现行业清洁化、高效化和信息化发展。

2）垄断特性。热电联产应遵循"以热定电"原则，热电联产企业选址必须符合城市总体规划、土地利用总体规划、热力规划、生态环境功能区划和环境功能区划。一般情况下，热电联产企业在所在城市或区域都有较为明确的供热范围，担负供热范围内的集中供热，因此热电企业范围内受到竞争的可能性较小。

3）能耗低、能源利用率高。热电联产是既生产电能，又利用汽轮发电机做过功的蒸汽对用户供热的生产方式。它与热电分产相比可以显著提高燃料利用率，是全球公认的节约能源、改善环境、增强城市基础设施功能的重要措施，具有良好的经济和社会效益，是循环经济的重要技术手段。

（2）不利因素。

1）煤耗污染。虽然地方热电联产行业承担着集中供热和发电等任务，是保障全省社会经济发展的重要基础设施，但同时也是煤炭消耗和大气污染物排放的行业之一，存在热源点布局不合理、老旧低效机炉较多、烟气污染物排放量较大、信息化水平不高、未批先建等问题。截至2014年末，浙江省141家地方热电厂中，中温中压及以下低效锅炉和抽凝机组台数占比分别达37%和36%，这些机炉能源利用效率低，能耗远高于行业平均水平。

2）宏观经济。由于宏观经济总体呈现萧条态势，电力消费增长减缓、结构不断调整，电力消费增长主要动力由高耗能产业向新兴产业、服务业和居民生活用电转换，电力供需形势由偏紧转为宽松。同时，温州地区热电联产企业的供热客户主要为工业企业、商贸服务企业等，用热量与当地产业兴衰关联性较大，用电用热量受到一定影响。

3）煤炭价格波动。煤是热电联产行业内企业生产热的重要原材料。近几年，煤炭价格经历了从翻倍到折腰的过程，对于热电企业而言，原煤采购成本占生产成本的比重较大，煤炭价格的剧烈波动对行业的运营有一定影响。不过，由于温州产业特有的合成革可作助燃剂，项目成熟后合成革替代率的增加会一定程度上弱化煤价与供热价格的联动关系。

6.1.1.4 行业壁垒

（1）行业准入壁垒。根据《中华人民共和国电力法》《电力业务许可证管理规定》等法律法规的要求，热电联产项目必须根据地方政府城市规划，按照"统一规划、分步实施、以热定电和适度规模"的原则建设。同时，热电联产项目需要按照量级报省发改委等主管部门进行审批，项目建设完工后，还需要经过相关部门的工程验收、环保核查、安全评价等环节才能取得电力行业经营许可证,然后与相关电网签订《并网调度协议》后才能正式投入商业运行,行业准入壁垒较高。

(2)资金和技术壁垒。作为资金密集型行业,大型发电机组建设成本较高,初期资金投入大,建设周期和回款期长,需要雄厚的资金实力支持。热电联产作为城市供电、供热的基础设施行业,需要协调设备运营商、电网公司、热用户企业和当地政府的多方利益,才能持续稳定经营。另外,某一区域内的供热基础设施完成建设后,需要持续对管网、设备进行维护、更新及技术升级改造,对专业技术和安全防范有着高要求。

(3)环保要求较高。电力、热力生产在环境保护方面要求较高,热电厂必须具有符合国家环境保护标准的技术和设备,取得国家环保部门的批准,同时各类排放物指标必须符合环保部门的监管要求后方能投产经营。

6.1.2 南昌水业并购洪泽热电的过程浅析

6.1.2.1 并购双方基本情况介绍

(1)并购方基本情况介绍。

南昌水业集团有限责任公司始建于 1937 年,是南昌市政公用集团国有全资子公司,旗下拥有江西洪城水业股份有限公司等 51 家子公司,产业横跨城镇供水、污水处理、固废处置、清洁能源、工程建设、环境治理、科技研发等多领域,是江西省水务环保领域龙头企业,目前拥有总资产近 120 亿元,员工 6000 余人,水厂 13 座,服务人口近 400 万人,拥有省内外污水处理厂 100 余座,承担全省生活污水总处理量的 60%。

南昌水业秉承"为人民服务"的企业宗旨,遵循"用户至上、追求一流"的经营理念,外塑形象、内强素质,不断打造优质服务品牌,用良好的社会效益和经济效益回报社会、服务市民,为促进城市社会经济发展做出了积极贡献。自 2010 年起,南昌市在全国率先全面实施新颁的《国家生活饮用水卫生标准》106 项检测标准,比国家规定的时间提前三年。2012 年 8 月开始,公司还定期向社会公布 106 项水质信息,成为全国率先公布全部水质信息的城市之一。权威检测公布数据显示，南昌市水质 106 项检测指标全面达标。

南昌水业连续九年被评为江西省内优秀企业，并多次获得"市工业企业纳税 20 强"和"市工业企业销售收入 30 强"；获得过江西省五一劳动奖状、江西省五一劳动奖章、江西省抗冰救灾先进集体等荣誉；2006~2012 年在市内作风效能和服务行业行风专项评比中，连续七年受到市委、市政府的表彰；2014 年 4 月，中国水网权威发布的《中国城市供水服务满意度指数调查研究报告》显示，南昌水业总体服务满意度连续两年全国排名第二；在市内统计局与国家统计局南昌调查队联合开展的"百姓热点调查"中，供水服务满意度连续六年排在首位；在 2013~2016 年由中国水网举办的"水业战略论坛"上，连续五年获得"中国最具社会责任投资运营企业"称号。

(2) 目标公司基本情况介绍。

温州宏泽热电股份有限公司（以下简称目标公司）是由南昌水业集团有限责任公司、温州宏泽科技发展有限公司、温州万蒙特贸易有限公司、温州经济技术开发区市政园林有限公司共同参股组建的股份有限公司。公司坐落在国家级经济技术开发区——温州经济技术开发区滨海园区，注册资本 10200 万元，经营项目为电力、热力、污泥处置、灰渣利用及热力管网的建设和维护。

温州宏泽热电股份有限公司是一家集政府、国企和民营资本于一体的混合型经济所有制企业。温州经济技术开发区污泥焚烧综合利用热电联产项目装机规模为 2 台 75t/h 高温高压循环流化床锅炉、1 套 18MW 抽凝式汽轮发电机组、1 座 1500t/d 污泥干化处理设施，目前正在推进热网建设，预计很快将实现供热 70t/h，不久将扩大到 150t/h，同时还在推进后续项目工程建设，预计将实现桩基规模 58MW，达到三炉三机配置。其为温州市目前唯一一家热电联产企业，是国家级开发区——温州经济技术开发区唯一的公共热源点。

从表 6-1 我们可以看出，目标公司 2014~2016 年的资产总计分别为 40817.39 万元、53645.43 万元、75187.55 万元，负债总计分别为 29397.34 万元、42472.57 万元、63481.44 万元，净资产分别为 11420.06 万元、11172.86 万元、11706.12 万元。公司总资产和总负债逐年剧增，但净资产变化不大，说明目标公司经营状况很稳定，有稳定的盈利来源，适合投资。

表 6-1　洪泽热电并购前资产负债状况　　　　　单位：万元

	项目	2014 年	2015 年	2016 年
1	流动资产	9049.82	6503.53	10576.54
2	非流动资产	31767.58	47141.90	64611.01
3	固定资产	207.78	38459.55	37265.44
4	在建工程	24794.73	2677.56	18170.19
5	无形资产	6132.56	6004.79	9175.37
6	长期待摊费用	632.51	—	—
7	资产总计	40817.39	53645.43	75187.55
8	流动负债	13597.34	13472.57	16481.44
9	非流动负债	15800.00	29000.00	47000.00
10	负债合计	29397.34	42472.57	63481.44
11	净资产（所有者权益）	11420.06	11172.86	11706.12

资料来源：公司内部审计报告。

6.1.2.2　具体并购过程介绍

（1）并购方案介绍。

在并购之前，目标公司总股份 10200 万股，南昌水业集团有限责任公司、温州宏泽科技发展有限公司、温州万蒙特贸易有限公司、温州经济技术开发区市政园林有限公司分别拥有目标公司 34%、33%、23%、10%的股权。在本次并购方案中，南昌水业集团有限责任公司分别收购了温州宏泽科技发展有限公司和温州万盟特贸易有限公司拥有的目标公司 13%和 23%的股权，总计收购目标公司 36%的股权，即本次收购 3672 万股。同时，本次收购以资产评估结果为定价依据，全部以现金交易，即目标公司股权总价经资产评估后为 61287.17 万元，最终国资委专家评审后股权总价调整为 61212.72 万元，36%的股权对应收购价格为 22063.38 万元，南昌市政府最终批复价格为 22035.67 万元。

同时，2013 年南昌水业收购目标公司 34%股权时，双方签订了《股权转让协议之补充协议》和《质押担保协议》，目标公司股权拥有方承诺公司于 2013 年 10 月 31 日前竣工投产，否则按 10404 万元的转让款的年化 7%支付逾期利息，直至竣工投产；同时承诺投产后两个完整的会计年度净利润每年不低于2142万元，前三个完整的会计年度净利润合计不低于9180万元，并对此提供质押担保。但实际上，目标公司于2014年12月底投产，逾期14个月，故目标公司股权拥有方应支付南昌水业逾期利息861.8万元；投产后两个完整的会计年度2015～2016年实际分别完成净利润1001.87万元、533.26万元，故目标公司股权拥有方应按34%股比补偿南昌水业，2015年、2016年盈利预测补偿分别为387.64万元、546.97万元。因此，前次交易业绩承诺中，目标公司股权拥有方需支付南昌水业逾期利息及部分盈利预测补偿款1796.41万元。

最后，为保障南昌水业投资收益，控制项目风险，拟与出让方签订盈利预测补偿协议，协议承诺：目标公司在评估基准日后的未来连续五个完整会计年度，即2017～2021年内累计净利润不低于21500万元，即年平均净利润不低于4300万元，对此目标公司股权拥有方提供其持有的目标公司剩余20%股权予以质押担保，并由公司实际控制人提供连带责任担保。

（2）并购流程介绍。企业并购的流程大致可以分为四个阶段，包括战略决策阶段、并购的准备阶段、并购的实施阶段及并购的整合阶段。

1）战略决策阶段。由于南昌水业之前就占有目标公司34%的股权，为目标公司的最大股东，并且南昌水业和目标公司在业务上有很多的互补之处，因此完成本次并购不仅能够使南昌水业绝对控股目标公司，成为目标公司的法人，还能整合并购双方的资源，提高公司的利润率和市场占有率。总体上，南昌水业的本次战略决策适合公司整体的发展战略，有利于公司的后续发展。

2）并购的准备阶段。在公司确立了并购战略后，应尽快组织相关人员实施工作。首先，应该确定好目标公司，与目标公司进行洽谈，洽谈顺利后起草收购意向书。其次，聘请专业的律师事务所、会计师事务所和资产评估事务所对目标公司进行调查报告。

3）并购的实施阶段。首先，并购双方将进行商务谈判，谈判的主要问题为并购的价格和相关条件，主要包括并购的支付金额、支付方式、支付期限等。其次，南昌水业将聘请专业的资产评估事务所对目标公司进行审计评估，初步确定并购的金额、支付方式等。最后，并购双方将就价格进行谈判，若并购双方达成一致意见，将签订《股权转让协议》。

4）并购的整合阶段。并购的整合阶段主要包括财务整合、人力资源整合等方面的事项。首先，在一个月之内召开第一届董事会，组成新的团队。其次，在后续的几个月内完成公司的总体规划，确定公司的后续发展方向。最后，经相关部门审核通过后，本次并购重组才算基本完成。

6.1.3 南昌水业并购温州洪泽热电动因分析

6.1.3.1 协同效应理论

协同效应理论认为，并购后企业价值可以达到最大化，即通过并购使两个企业在生产、经营、财务和人力等方面产生协同效应，减少单位产品等各项成本的间接消耗，从而实现企业平均成本下降，有助于经理人更科学地做出关乎企业发展和多元化经营的决策。

（1）经营协同效应。经营协同效应是指企业发生并购重组后，生产效率的提高使企业收获更多的利润，企业的总体效益要大于两个独立企业效益的算数和。主要是并购可以使相关或相似部门的合并减少费用，同时扩大企业规模，使部门分工的专业化提高，从而提高运营效率，主要原因在于规模经济，具体从以下几个方面体现：

首先，南昌水业旗下的南昌燃气和温州宏泽热电在主营业务上有较大的相似性，两者可以共用研发技术，两个企业总的研发成本大大降低，同时能被更多数量的产品分摊。因此，南昌水业并购温州宏泽热电能降低两者的研发成本，间接促使企业增加研发创新的金额，采用新的生产技术，实现专业化生产，减少生产环节。其次，南昌水业在收购温州宏泽热电后，企业能实现规模经济。两者可以合并销售渠道和网络，从而节约部分的销售费用。最后，南昌燃气和温州洪泽热电的相似部门可以进行资源的整合，不仅能大大降低总的管理费用和研发费用，还能提高资源的使用效率。

（2）管理协同效应。管理协同效应认为，当并购公司的经理人具有比被并购公司经理人较高的计划、监督和实施能力时，还会产生管理协同作用。如果并购中存在效率或管理结构差异的企业进行合并，其中一家或多家企业有剩余、高效的或互补的管理资源，而另一家或多家企业正好缺乏这些管理资源，那么缺乏这些管理资源的企业就能通过并购或被并购的方式获得资源，从而提高总体的管理效率，创造更多的价值。这一理论有三个前提：其一，并购方或被并购方存在效率或管理结构的差异；其二，一方管理资源或管理模式能转移或复制到另一方；其三，这种管理资源的转移或模式的复制不会导致企业管理成本大于之前两家企业管理成本之和。当满足这三个前提条件时，并购活动能产生管理协同效应。

南昌水业是大型国有企业，旗下拥有51家子公司，是江西省水务环保领域龙头企业，企业拥有较强的盈利能力和管理能力，经理人拥有较高的计划、组织和协调实施能力。而目标公司是一家集政府、国企和民营资本于一体的混合所有制企业，公司的经营利润可观，资产状况良好，但管理能力和经营效率远远不如南昌水业。南昌水业通过并购目标公司，能够将剩余的、高效的管理资源运用于目标公司，目标公司通过并购获得这些资源后，能够从整体上提高管理效率，创造更多的企业价值，从而使两者的总价值提高，间接实现了经营协同效应。

（3）财务协同效应。财务协同效应体现在合并公司的举债能力可能大于合并前各个单独公司之和，从而带来税收的降低，或者举债成本更低，进而带来财务费用的节约，财务协同效应可产生以下情况：有些公司拥有稳定的现金流但是投资机会不多，而有些公司发展机会很多但缺乏资金，外部融资成本高，这两种企业合并就可以获得较低的内部融资成本优势。

首先，南昌水业在收购目标公司之后，两者总的举债能力将超过之前，同时通过并购也能减少交税前利润值，从而减少税额，带来财务费用的降低。其次，南昌水业拥有稳定且大量的现金流，而目标企业资金相对缺乏，但是热电行业属于环保类行业，国家政策大力支持，投资机会多、发展前景好。因此，南昌水业收购目标公司后，可以利用公司闲置的现金流来投资目标公司的项目，实现资金的合理利用，不仅能获得内部融资成本优势，还能获得额外的投资利润。

6.1.3.2 取得目标公司的控制权

在并购之前，目标公司总股份10200万股，南昌水业集团有限责任公司、温州宏泽科技发展有限公司、温州万蒙特贸易有限公司、温州经济技术开发区市政园林有限公司分别拥有目标公司34%、33%、23%、10%的股权。虽然拥有目标公司最多的股权，南昌水业并没有取得目标公司的控制权，目标公司的法人代表为温州宏泽科技发展有限公司的法人，且公司大部分的管理人员均为温州宏泽科技员工。

在并购之后，南昌水业拥有目标公司70%的股权，绝对控股了目标公司。其中，在公司的组织结构上，由南昌水业派遣代表担任目标公司的法人代表；董事会共7名董事，南昌水业委派4名董事，且出任董事长；监事会共5名监事，南昌水业委派1名监事并出任监事会主席；高级管理人员也大多来自南昌水业。至此，南昌水业基本上取得了目标公司的控制权，自主性得到大大提高。

6.1.3.3 价值低估理论

如果一个企业的实际价值被低估，将会成为其他企业或投资公司的并购目标。企业价值低估是指企业的实际价值或潜在价值要高于其市场价格，使并购企业能以低于其真实价值的价格购买到该企业的股权，低于重置成本，在股票市场上通常表现为股票价格低于企业实际价值。

首先，目标公司属于环保类产业，国家政策大力支持环保类产业的发展，力推企业向节能、环保方向发展，不断出台各项政府法规鼓励热电行业的发展，发展前景非常好。其次，目标公司已经取得了在温州热电行业的绝对垄断地位，有固定的销售渠道和利润来源，在一定范围内竞争的压力较小，盈利能力较好且稳定。最后，热电联产是电力行业发展的大方向，既能大量节约能源资源，又能改善环境，兼具社会效益和经济效益，发展潜力巨大。综合来看，目标企业的市场价值在未来将远远超过现在的实际价值，发展潜力大，具有较强的投资价值。

6.1.3.4 规模经济动机

规模经济动机理论认为，并购活动使企业规模扩大，导致平均成本降低，不仅使单位产品生产成本降低，也会导致经营成本降低。规模经济主要体现在以下几个方面：其一，市场营销的规模经济。多家企业合并为一家企业以后，合并后的新企业营销实力增强，从而获得营销规模经济。其二，管理规模经济。由于企业的各项资源得到改善,有更多的产品分摊管理费用,使单位产品的管理费用下降,从而达到管理规模经济。其三,研发方面的规模经济,尤其是横向并购企业。同类型企业做着相同的研发,合并以后,单位产品分摊的研发费用也会减少。

在笔者看来,南昌水业并购目标公司能够扩大企业的总体实力,实现规模经济效应,主要体现在以下两个方面:第一,南昌水业并购目标公司后,通过各项资源的整合,资源的配置效率得到提高,同时管理费用被更多的产品分摊,获得管理规模经济;第二,南昌水业旗下的南昌燃气和目标公司在业务上有着相似之处,两者可以分享研发技术和研发成果,研发费用也能被更多的产品所分摊。总而言之,南昌水业并购目标公司后,能够实现资源的优化利用,降低公司的管理成本和研发成本,使公司的平均成本降低。

6.1.4　南昌水业并购温州宏泽热电的估值方法选择与运用

6.1.4.1　估值方法的选择

企业价值评估的基本方法包括市场法、收益法和资产基础法。根据《资产评估准则——企业价值》之规定,资产评估师执行企业价值评估业务,需要根据评估目的、评估对象、价值类型、资料收集情况等相关条件,分析市场法、收益法、资产基础法三种资产评估基本方法的适用性,恰当选择一种或者多种资产评估基本方法。

(1) 市场法。

1) 市场法定义。市场法是指将评估对象与参考企业、在市场上已有交易案例的企业的股东权益、证券等权益性资产进行比较以确定评估对象价值的评估思路,具有评估角度和评估途径直接、评估过程直观、评估数据直接取材于市场、评估结果说服力强的特点。

2) 市场法适用性分析。由于目前我国企业、股权等交易市场不发达,难以找到与被评估单位相同或相类似的参照物,有关调整的指标、技术参数无法获取,因此较难从交易案例途径进行评估;另外,鉴于我国证券市场处于发展阶段,上市公司股票价格波动较大,往往与其获利能力有所背离,很难以公司股票价格公正反映公司价值，因此难以采用上市公司比较法估算被评估单位价值。因此，在本案例中，不适合使用市场法。

(2) 收益法。

1) 收益法定义。收益法是指通过将被评估单位预期收益资本化或者折现，确定评估对象价值的评估思路，强调的是企业的整体预期盈利能力。

2) 收益法适用性分析。收益法主要从总体情况、评估目的和企业成立以来的会计报表分析三个方面来判定是否适用于本次收购案例，以下为三个判定条件：①总体情况判断。首先，被评估资产是经营性资产，产权明确并保持完好，企业具备持续经营条件；其次，被评估资产是能够用货币衡量其未来收益的整体资产，表现为企业营业收入能够以货币计量的方式流入，相匹配的成本费用能够以货币计量的方式流出，其他经济利益的流入流出也能够以货币计量，因此企业整体资产的获利能力所带来的预期收益能够用货币衡量；最后，被评估资产承担的风险能够用货币衡量。企业的风险主要有政策风险、行业风险、经营风险和财务风险，这些风险都能够用货币衡量。②评估目的判断。本次评估目的是确定温州宏泽热电股份有限公司股东全部权益评估基准日的市场价值，为南昌水业集团有限责任公司拟购买该公司其他股东所持公司股权事宜提供参考意见。在评估时，需要对市场公允价值予以客观、真实的反映，不是对各单项资产价值的简单加总，而是要综合体现经营规模、行业地位、成熟的管理模式所蕴含的整体价值，即把企业作为一个有机整体，以整体的获利能力来体现股东全部权益价值。③企业会计报表判断。根据企业提供的会计报表，企业整体资产的获利能力是可以合理预期的。使用收益法的最大难度在于预测技术或方法还不尽完善，同时由于数据采集、处理的客观性、可靠性等问题，导致评估值易产生某种误差累积或放大，在一定程度上影响了评估结果的准确性。但当对未来的收益预测较为客观、折现率的选取较为合理时，其评估结果具有较好的客观性，易于为市场接受。

综合以上三方面因素分析，笔者认为本次案例资产评估方法在理论上和操作上采用收益法切实可行。

(3) 资产基础法。

1) 资产基础法定义。资产基础法（又称成本法），是指以被评估单位评估基准日的资产负债表为基础，合理评估企业表内及表外各项资产、负债价值，确定评估对象价值的评估思路，主要是从投入的角度来衡量企业价值。

2）资产基础法适用性分析。第一，纳入评估范围的全部资产可以从公开市场获取评估资产现行市场价值所需的相关信息，满足采用成本途径评估的要求，在能满足评估目的的前提下，可从成本取得途径的角度采用资产基础法进行评估；第二，资产基础法以账面历史记录为基础，只要账面记录准确，使用资产基础法评估相对比较容易且准确，能够较好地反映企业整体资产的价值。

结合以上两方面的分析考虑，本次案例的资产评估方法使用资产基础法也切实可行，评估较为准确。

综上所述，本次评估选择收益法、资产基础法两种方法对温州宏泽热电股份有限公司评估基准日全部资产及相关负债进行评估，并通过对两种方法的评估结果进行分析，确定本报告评估结论的最终取值。

6.1.4.2 评估方法的运用

(1) 收益法的使用。

1) 收益法介绍。本次收益法估算的是企业股东全部权益价值，根据目标公司的实际经营情况，建立了以下收益法估值模型：

股东全部权益价值＝经营性资产价值＋非经营性（或溢余）资产－非经营性（或溢余）负债－有息负债价值

①经营性资产价值的确定。

$$P = \sum_{t=1}^{n} \frac{CF_t}{(1+r)^t} + \frac{TV}{(1+r)^n}$$

其中，P 为经营性资产价值；F_t 为未来第 t 年自由现金流；r 为折现率；t 为逐年预测期限；C 为永续年期自由现金流；n 为收益计算年期。

②自由现金流的确定。本次评估采用息前税后自由现金流，自由现金流的计算公式如下：

自由现金流＝息前税前利润－所得税＋折旧及摊销－资本性支出－营运资金追加额

③折现率的确定。按照收益额与折现率协调配比的原则，本次评估收益额口径为企业自由现金流，则折现率应选取加权平均资本成本（WACC），计

算公式为：

$WACC = K_e \times [E/(E+D)] + K_d \times (1-T) \times [D/(E+D)]$

其中，E 为权益的市场价值；D 为债务的市场价值；K_e 为权益资本成本；K_d 为债务资本成本；T 为被评估企业的所得税率。

股权资本成本按国际通常使用的 CAPM 模型进行求取，计算公式为：

$K_e = R_f + [E(R_m) - R_f] \times \beta + \alpha$

其中，R_f 为目前的无风险利率；$E(R_m)$ 为市场预期收益率；β 为权益的系统风险系数；α 为企业特定的风险调整系数。

④预测期限的确定。现金流的持续年期取决于资产的寿命。企业的寿命不确定，可以假设企业将无限期持续经营。通常将预测的时间分为两个阶段——逐年预测期和永续期。本次评估的逐年预测期为 2017~2023 年，2023 年后为永续期。

⑤非经营性（或溢余）资产、负债价值的确定。非经营性（或溢余）资产、负债都可以认为是企业持续运营中并不必需的资产或负债，如溢余现金、有价证券、与预测企业收益现金流不相关的其他资产或负债等。非经营性（或溢余）资产、负债价值以资产基础法各分项资产及负债的评估值认定，在用收益法计算出经营性资产价值后，将非经营性（或溢余）资产减非经营性（或溢余）负债的净值予以加回。

⑥有息负债价值的确定。根据基准日会计报表中所反映的有息负债确定。

2）采用收益法得出的结果。截至评估基准日 2016 年 12 月 31 日，温州宏泽热电股份有限公司评估后的股东全部权益价值为 61212.72 万元，较账面净资产增值 49506.61 万元，增值率 422.91%。表 6-2 所示为股东全部权益估算。

表 6-2 股东全部权益估算   单位：万元

序号	项目	预测期							
		2017年	2018年	2019年	2020年	2021年	2022年	2023年	永续
1	一、营业收入（万元）	17201.13	25505.65	33817.61	36977.77	39415.17	43480.79	48145.77	48145.77
2	减：营业成本（万元）	12473.32	17501.13	22885.03	24781.84	25905.84	27177.84	28505.84	28505.84
3	税金及附加（万元）	11.50	226.25	509.62	548.03	572.55	611.77	657.82	657.82

续表

序号	项目	预测期							永续
		2017年	2018年	2019年	2020年	2021年	2022年	2023年	
4	销售费用（万元）	—	—	—	—	—	—	—	—
5	管理费用（万元）	783.05	806.52	846.30	884.20	918.35	954.32	992.20	992.20
6	财务费用（万元）	2514.63	3537.63	3772.75	3772.75	3772.75	3772.75	3772.75	3772.75
7	二、营业利润（万元）	1418.63	3434.13	5803.91	6990.94	8245.68	10965.11	14219.15	14219.15
8	加：营业外收入（万元）	433.21	479.10	524.09	568.01	560.27	550.99	772.22	436.64
9	减：营业外支出（万元）	—	—	—	—	—	—	—	—
10	三、利润总额（万元）	1851.84	3913.23	6328.00	7558.95	8805.95	11516.10	14991.38	14655.80
11	所得税率（%）	22.84	23.33	23.58	25.00	25.00	25.00	25.00	25.00
12	减：所得税费用（万元）	422.87	912.88	1492.30	1889.74	2201.49	2879.02	3747.84	3663.95
13	四、净利润（万元）	1428.97	3000.35	4835.70	5669.21	6604.46	8637.07	11243.53	10991.85
14	加：折旧与摊销（万元）	2873.86	3931.66	4162.56	4176.38	4176.38	4176.38	4176.38	4176.38
15	加：财务费用（万元）	1940.40	2712.36	2883.04	2829.56	2829.56	2829.56	2829.56	2829.56
16	减：资本性支出（万元）	7758.13	10935.13	500.00	—	—	—	—	2369.57
17	减：营运资金增加（万元）	107.12	1162.63	1163.67	442.42	341.24	569.19	653.10	—
18	五、自由现金流量（万元）	-1622.01	-2453.39	10217.63	12232.73	13269.17	15073.83	17596.38	15628.22
19	折现年限（年）	0.50	1.50	2.50	3.50	4.50	5.50	6.50	永续
20	折现率（%）	10.24	10.23	10.22	10.16	10.16	10.16	10.16	10.16
21	折现系数	0.9524	0.8641	0.7841	0.7127	0.6470	0.5873	0.5331	5.2475

续表

序号	项目	预测期							永续
		2017年	2018年	2019年	2020年	2021年	2022年	2023年	
22	六、现金流量现值（万元）	-1544.84	-2119.90	8011.23	8718.46	8584.91	8853.03	9381.40	82008.75
23	七、现金流现值和（万元）	121893.04							
24	加：溢余、非经营性资产、负债净额（万元）	719.68							
25	减：基准日付息债务（万元）	61400.00							
26	八、股东全部权益价值（万元）	61212.72							

资料来源：中磊资产评估事务所。

（2）资产基础法的运用。

1）资产基础法介绍。资产基础法是以重置各项资产为假设前提，根据分项资产的具体情况，采用适宜的方法分别评定估算各分项资产价值并累加求和，再扣减相关负债，得出资产基础法下的评估值。各项资产和负债所采用的评估方法具体介绍如下：①流动资产评估。温州宏泽热电的流动资产主要包括货币资金、应收账款、预付账款、存货——原材料，其他流动资产按核对无误后的账面值作为评估值。②建筑物类资产评估。根据有关要求及现有的资料分析，本次对主要建筑物评估选择重置成本法进行，具体根据已掌握的资料采用类似工程结算调整法较为适宜。③设备类资产评估。依据评估目的，本次设备类资产评估采用重置成本法，即在持续使用的前提下，以重新配置该项资产的现行市值为基础确定重置成本，同时通过现场勘察和综合技术分析确定相应损耗后的成新率，据此计算评估值。④在建工程评估。由于该工程成本刚刚发生，至评估基准日成本价格等变化不大，因此，本次评估按审计审定后的账面值确认评估值。⑤无形资产——土地使用权评估。根据评估目的，本次采用基准地价系数修正法和市场法评估。⑥负债评估。本评估以评估基准日被评估单位实际需要承担的负债金额确定评估值。

2) 采用资产基础法得出的结果。截至评估基准日 2016 年 12 月 31 日,温州宏泽热电股份有限公司评估后的股东全部权益价值为 9669.49 万元,比账面净资产 11706.11 万元减值 2036.62 万元,减值率 17.4%。

表 6-3 资产基础法评估结果   单位:万元

	项目	账面价值 A	评估价值 B	增减值 C=B-A	增值率(%) D=C/A*100%
1	流动资产	10576.54	10586.17	9.63	0.09
2	非流动资产	64611.01	62564.76	-2046.25	-3.17
3	固定资产	37265.44	35114.50	-2150.94	-5.77
4	在建工程	18170.19	18170.19	—	—
5	无形资产	9175.37	9280.06	104.69	1.14
6	资产总计	75187.55	73150.92	-2036.63	-2.71
7	流动负债	16481.44	16481.44	—	—
8	非流动负债	47000.00	47000.00	—	—
9	负债合计	63481.44	63481.44	—	—
10	净资产(所有者权益)	11706.11	9669.49	-2036.62	-17.40

资料来源:中磊资产评估事务所。

评估结果与账面值比较变动原因主要有:①固定资产评估减值 2150.94 万元,其中房屋建筑物类资产评估减值 736.75 万元,机器设备类资产评估减值 1414.19 万元,评估减值主要原因为:本次评估建设期其他费用分摊率较企业实际发生的费用分摊率低。②无形资产——土地使用权评估增值 104.69 万元,增值的主要原因为土地市场价格上升。

(3) 评估结果最终取值。收益法评估结果较资产基础法高 51543.23 万元。资产基础法是以资产的成本重置为价值标准,反映的是对各类单项资产的投入所耗费的社会必要劳动(购建成本),这种购建成本通常将随着国民经济的变化而变化,评估结果难以涵盖诸如客户资源、人力资源、技术业务能力、区域垄断性等无形资产的价值。收益法评估是将企业未来经营活动净现金流按照一定的折现率进行折现后确定其价值,评估结果更能客观、全面地反映包括上述无形资产在内的企业价值。

因此，依据评估准则，结合本次资产评估对象、评估目的、适用的价值类型，经过比较分析，选定以收益法评估结果作为最终评估结论，即在持续经营的假设条件下，温州宏泽热电股份有限公司股东全部权益评估价值为61212.72万元。

6.1.5 结论与建议

6.1.5.1 并购估值方法的分析

本书就南昌水业并购温州宏泽热电进行了估值研究和分析，主要使用了资产基础法和收益法两种评估方法，结合本次评估对象、价值类型等，最终采用了收益法作为评估结果，较容易被交易双方所接受。但是在评估过程中还是发现评估方法存在以下缺陷：

首先，在方法选择上。目前，收益法在并购重组企业价值评估实践中占据了比较重要的地位，最终评估价值选择收益法评估结果的项目占比较高。但收益法在选用上仍然存在一定的随意性，尤其在同时使用资产基础法和收益法的项目中，评估人员是否选择收益法的理由不充分，公司最终选择的评估方法大多为价值较高的那一个。此外，评估人员对于收益法与资产基础法评估值的差异分析普遍较简单，这对于评估人员客观公正选择评估方法是一个较大的考验，也需要评估人员不断修正评估方法。

其次，在参数的自变动性上。由于收益法是将未来现金流进行当期折现的一种方法，而收益法模型中的各个参数均可能随着时间的推移而不断变化，这给评估实务带来巨大的挑战。一般而言，对折现率的修正仅考虑了市场风险溢价及无风险收益率的变化，未考虑其他因素的影响。然而，在实际过程中，其他因素也可能随着时间的推移而发生变化，这可能影响评估结果的准确性，从而损害交易双方的利益。

最后，本书使用两种评估方法得出的结果差异巨大，但是评估人员并未对这种巨大差异做出很详细的解释，仅仅是根据方法的普遍意义来确定最高的那一个，这很可能影响结果的精确度，对交易双方的利益造成一定的损失。

6.1.5.2 建议

首先,在方法的选择与运用方面,应提高评估人员的职业水平及素质。根据资产评估准则中的相关规定,评估人员在对企业价值进行评估的时候,应当认真分析三种基本评估方法(成本法、收益法和市场法)的适用性,考虑的因素包括评估目的、价值类型、评估对象的资料收集情况等相关条件。目前我国评估方法在选用方面仍然存在着一定的随意性,尤其是在收益法和成本法两种方法的评估结果差异过大时,评估人员对方法的选择理由普遍比较简单,对评估方法之间的差异也缺乏详细分析。评估人员应该综合分析评估对象所处的地区经济状况、行业环境、公司在行业中的地位及自身历史经营状况等因素客观地选择评估方法,不能刻意地选择对客户最有利的结果。因此,本书认为目前仍需要提高评估人员的职业水平及素质。评估人员可以通过不断学习新的理论知识,提高对收益法相关参数的确定能力,从而在衡量各种评估方法评估结果差异方面做出更加客观、专业的判断。

其次,在参数的自变动性方面,评估人员在研究的过程中应不断扩大研究的样本容量,从各样本中不断挖掘参数之间的影响,从而对折现率、期限等各种参数进行改进,提升评估结果的精确度。

最后,在对目标公司进行估值的过程中,可以根据评估对象的特点及对评估结果的比较,选择更加适合的方法或修正方法来确定最终结果,最终得到更精确的评估结果。

6.2 洪城水业并购南昌燃气案例分析

6.2.1 案例背景介绍

6.2.1.1 研究背景

在市场经济环境下,并购是企业扩张的重要手段。通过并购,企业可以迅速扩大规模，提高竞争力，优化资源配置等。从国际发展经验来看，通过并购来壮大企业的规模和实力是一条快捷的路径。随着国际上并购趋势的愈演愈烈，我国企业并购活动也迅速萌芽并发展起来。

企业并购的相关研究是由西方学者在19世纪初开始进行的，在最初的几十年主要是对企业并购的内容、实务、方式和程序等进行研究，直到20世纪中期才开始转向对企业并购的动因、整合、绩效等进行研究。我国相关并购理论研究始于20世纪80年代。在估值理论分析上主要引进的是国外的理论，但国内外学者的这些研究大多基于传统的估值方法，并未考虑企业的未来发展机会，也忽略了经营灵活性的价值。

近年来，虽然我国市场热度稍有降温，但2017年仍然是企业并购重组高发的一年。Wind统计数据显示，按照公告日口径计算，2017年全年，涉及中国企业的并购（包括境内并购、出境并购、入境并购及境外并购）合计规模达到了8385起，交易总金额则达到了3.49万亿元。其中，第一季度、第二季度的交易金额分别为6264.95亿元、6831.75亿元，第三季度、第四季度的并购重组市场回暖，分别达到了8191.43亿元和13607.13亿元。

从行业来看，工业行业全年共发生并购交易1212起，交易总规模6410.82亿元，无论是并购数量还是交易金额都位居各行业第一，日常消费行业则以5652.86亿元的并购规模紧随其后。除此之外，金融、房地产业是并购规模较大的领域。从交易规模同比增长来看，医疗保健和日常消费的增速最高，同比均超过了100%。

从并购方式来看，协议收购仍然是主流，全年共计发生4093起，涉及交易金额13941.47亿元；发行股份购买资产315起，涉及交易金额6541.41亿元；增资1210起，涉及交易规模4188.1亿元；二级市场收购（含产权交易所）2213起，涉及交易总金额1830亿元。另外还有间接收购、资产置换要约收购等。从并购的目的来看，企业横向整合规模最大，全年达到了3043起，涉及交易总金额12870.51亿元，涉及多元化战略447起，交易总金额为2273.7亿元，同比下滑了52.88%；战略合作320起，涉及交易总金额7376.77亿元，同比上升607.05%。从这一情况来看，受到监管因素的影响，企业的跨界并购交易出现了显著回落，更多的企业专注于行业横向的并购重组。

Wind 统计数据显示，2017 年全年，共有 169 家上市公司并购重组项目上会，其中有 160 家通过发审会，实现高达 94.67% 的过会率。公开数据显示，2017 年 10 月、11 月连续两个月并购重组上会通过率均为 100%，而 2017 年前 9 个月平均过会率为 90%。其中，自 9 月 19 日起，并购重组经历了近 3 个月的零否决率，直至 12 月 7 日东方市场并购重组被否才打破纪录。

关于国有企业的并购，从地方国有企业兼并来看，在天津，到 2018 年第一季度，天津计划将有 10 家国企完成混合所有制改革全部流程，到年底完成 22 家国企混改目标。自 2017 年 1 月天津召开深化国企改革工作专题会议后，5 月启动了清产核资工作，目前已有旅游集团即将挂牌上市，海泰集团、北方信托、天津信托的混改方案也在进行中。

在山西，山西煤炭领域国企改革迫在眉睫，预计是下一步山西国改的重要方向。上市国企将成为改革重要平台，而 18 家上市国企中有 12 家属于七大煤炭集团。预计以煤炭为主的资源领域将是下一步山西国改的重点突破方向，主要包括煤炭领域行业内部和产业链上下游整合，利用上市公司平台，横向合并打造行业龙头，以及产业链上下游企业进行重组或交叉持股，围绕产业链纵向整合。山西省属煤炭企业经过一系列整合重组措施之后，目前形成七大集团，这七大集团旗下均有上市平台，共 12 家上市公司，但大多资产证券化率偏低，资产注入可期。

在上海，2017 年，三爱富新重组方案发布、上工申贝完成 MBO 收购、水产集团与光明集团合并、第一批员工持股计划落地、上海环境完成分拆之后上市等成功案例，都意味着上海国改已经具备了成熟的经验，2018 年上海国改有望进一步落地。目前上海国资体系共有 64 个上市平台，预计众多未上市的资产都具有较大的改革潜力。

随着国有企业改革进入深水区，国有资产的并购重组力度也在进一步加大，2017 年全年，仅国企类上市公司的重组规模就达到了 8538 亿元。从混合所有制改革，到央企层面公司制改制、企业分类改革等，2017 年是国有企业改革的"施工年"，预计在 2018 年中，国有企业改革特别是地方国有企业改革将加速推进，并有望在资本市场迎来新一轮的国企并购重组浪潮。

6.2.1.2 宏观经济形势

近年来，特别是 2012 年以来，受国际经济形势总体复苏较慢、我国经济三期叠加的压力及结构性调整等因素的影响，我国经济增长总体上呈现下行的态势。2015 年，面对错综复杂的国内外经济形势和严峻挑战，中国政府坚持稳中求进工作总基调，坚持稳增长、调结构、惠民生、防风险，主动适应和引领新常态，不断创新宏观调控方式，深入推进结构性改革，扎实推动"大众创业、万众创新"，经济保持了总体平稳、稳中有进、稳中向好的发展态势。经济运行保持在合理区间，结构调整成效显著，转型升级步伐加快，民生事业持续进步，实现了"十二五"圆满收官（见图 6-3）。

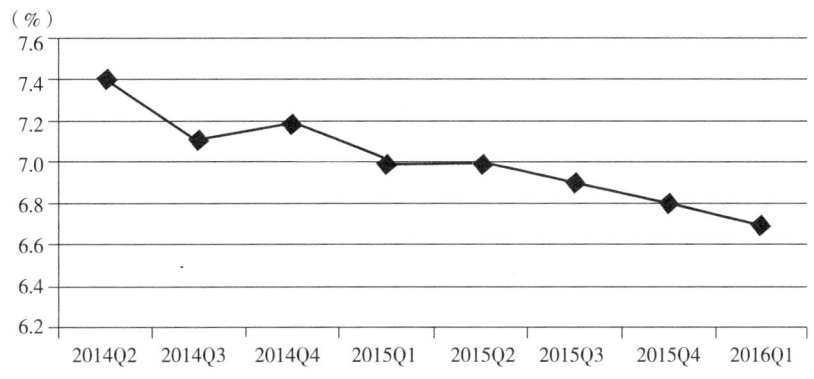

图 6-3　2014 年第二季度至 2016 年第一季度中国 GDP 同比增速

资料来源：国家统计局。

2017 年 GDP 首次超过 80 万亿元，实现 7 年来首次提速；人均可支配收入跑赢人均 GDP；经济增长转为投资和消费共同拉动；城镇调查失业率低于 5%；钢铁、煤炭年度去产能任务圆满完成。2017 年，我国经济交出了一张亮丽的成绩单，顺利收官。国民经济稳中向好、好于预期，经济活力、动力和潜力不断释放，稳定性、协调性和可持续性明显增强，实现了平稳健康发展。

6.2.1.3　并购相关行业特点与现状分析

2017 年，国内电力、热力、燃气及水生产和供应业固定资产投资呈波动性增长，从 10 月开始，新能源、新材料、新技术带动产品结构升级，传统行业通过优化配置实现转型，国内电力、热力、燃气及水生产和供应业固定资产投资增长速度逐渐下降。截至 12 月，固定投资额累计增长下降至 0.8%。

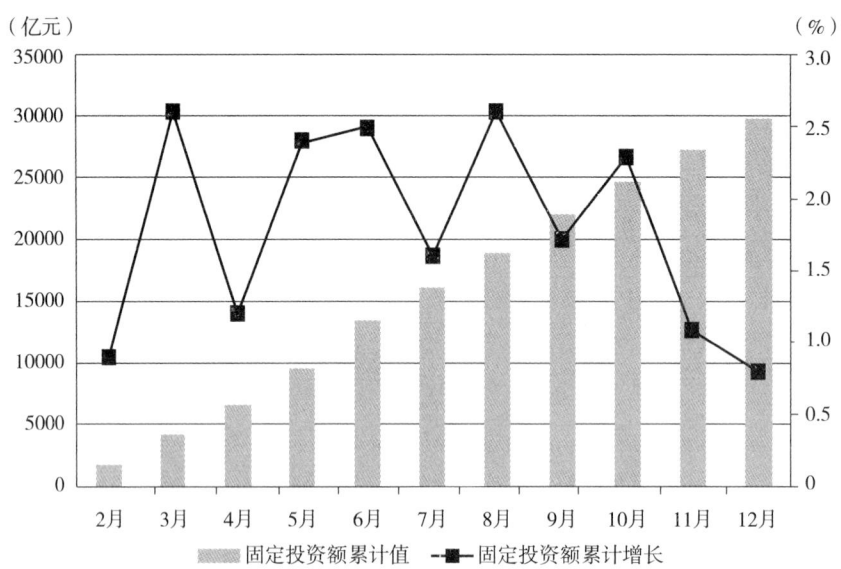

图 6-4 国内电力、热力、燃气及水生产和供应业固定资产投资

资料来源：中国报告大厅。

2017年2月，国内电力、热力生产及水生产和供应业利润总额累计值相比上年整体有所下降。从4月起，下降速度开始减慢。截至12月，利润总额达到3293.2亿元，比上年下降15.4%。

随着新能源市场的不断发展，新兴产业形成新的经济增长点，经济结构优化彰显成效。

（1）电力发展现状及特点。随着我国经济发展进入新常态，电力生产消费也呈现新常态特征。电力供应结构持续优化，电力消费增长减速换挡、结构不断调整，电力消费增长主要动力呈现由高耗能向新兴产业、服务业和居民生活用电转换，电力供需形势由偏紧转为宽松。

2017年全年发电量62758亿千瓦时，同比增长5.7%。其中，火电发电量46115亿千瓦时，同比增长4.6%；水电发电量10819亿千瓦时，同比增长3.6%；核电发电量2481亿千瓦时，同比增长16.3%；风力发电量2695亿千瓦时，同比增长21.4%；太阳能发电量648亿千瓦时，同比增长38%。从发电量结构来看，火电发电量占比74%，水电、火电发电量占比呈现明显负相关性,风电、太阳能、核电还不足以改变这种格局。一般来说,每年12月是火力发电占比的峰值,但2017年火电占比峰值要小于2016年火电占比峰值,核能、风力和太阳能发电比重比上年同期提高1.2个百分点,总体来说,发电结构在持续优化。2017年全国全社会用电量6.3077万亿千瓦时、增长6.6%,增速比2016年提高1.6个百分点。第二产业、制造业用电量分别增长5.5%和5.8%,均实现较快增长,增速分别比2016年提高2.6个和3.3个百分点。全社会用电量自2010年增速达到14.6%的峰值后,迅速下降至2015年的谷底(0.5%),2016年、2017年用电量增速持续反弹,反映出实体经济生产稳中向好。

(2) 燃气发展现状及特点。我国的城市燃气大致经历了人工煤气、液化石油气、天然气三个发展阶段。城市燃气应用于居民生活、工商业、发电、交通运输、分布式能源等多个领域,是城市发展不可或缺的重要能源。同时,城市燃气的输配系统是城市基础设施建设的重要组成部分,是城市现代化的重要标志之一。城市燃气在优化能源结构、改善城市环境、加速城市现代化建设和提高人民生活水平等方面的作用日益突出。随着西气东输、海气登陆、进口LNG等各大项目工程的建成与投产,我国城市燃气市场发展迅速,用气人口规模持续扩大,用气总量迅速增长,城市燃气行业总体上保持着较快的发展速度,竞争也日益激烈。

2017年初,国家发布天然气发展"十三五"规划,要求天然气在一次能源消费占比力争达到10%,而2016年占比只有5.9%,相差较大,未来天然气推广空间极为广阔。推动天然气利用,政策给出的发展路径是推进四大工程,即大气污染治理重点地区等气化工程、天然气发电及分布式能源工程、交通领域气化工程、节约替代工程。其中,关于天然气发电部分,政策鼓励发展天然气分布式能源等高效利用项目,有序发展天然气调峰电站,因地制宜发展热电联产;规划2020年天然气发电装机规模达到1.1亿千瓦以上,占发电总装机比例超过5%。

(3) 供水业发展现状及特点。水是生命之源,是人类社会发展必不可少的条件。我国人均水资源贫乏,分布不均衡。我国常年平均水资源总量约为2.8万亿立方米,总量居世界第四位,其中地表水资源量约2万亿立方米,地下水资源量约0.8万亿立方米。按照国际公认的地表水资源开发利用率40%

计算，地表水资源可利用量约为8000亿立方米。我国人均水资源量只有全球平均水平的1/4，居全球第109位，是全球人均水资源最贫乏的国家之一。目前我国水污染严重，人均不足成为目前我国水供应业最主要的难题。

6.2.2 交易各方基础情况

6.2.2.1 并购方基本情况介绍

江西洪城水业股份有限公司（以下简称洪城水业）于2001年1月成立，主要由南昌水业集团有限责任公司、南昌市煤气公司、泰豪软件股份有限公司、北京市自来水集团有限责任公司和南昌市公用信息技术有限责任公司发起设立，并于2004年6月1日在上海证券交易所挂牌上市，公司股票代码为600461，名称依然是江西洪城水业股份有限公司。在洪城水业集团有限公司成立的期初，主要的资产业务是由南昌水业集团有限责任公司以下的青云水厂、朝阳水厂、下正街水厂的全部经营性资产注入的，其他发起人都是以现金方式注入。因此，洪城水业为目前南昌市最大的公用制水企业。

洪城水业集团属于公用事业中的污水处理行业，主要从事自来水的生产、供给水设备仪器的制造与销售；污水处理设备的安装、技术咨询和设计研发，饮用水质量的检测、仪表设备的研发与销售、城市污水的再处理；房地产的开发与经营；信息技术等。公司属于国家大型一类供水企业，在南昌供水市场处于绝对领先地位，具有较强的供水区域垄断性。其污水处理业务遍及江西全省，在全省污水处理和环保行业的知名度较高，辐射能力较强。近年来，在稳定供水业务的基础上，洪城水业积极布局污水处理及工程建设业务板块，打造区域环保强势品牌。

6.2.2.2 目标公司情况

为更好地了解和把握并购案例，在并购谈判中全面深入掌握被并购企业的经营状况及资产价值，在并购估值前对目标企业的经营业绩和财务状况进行了专项调查及分析，并购前各标的公司的简要情况如下：

（1）南昌燃气的基本情况。南昌燃气主要业务包括销售和工程安装两部分，2010年南昌市接通天然气以来，逐步开展置换人工煤气工程，于2012年完成全部人工煤用户的置换。2010~2014年，南昌燃气天然气用户数年均复合增速达到83.55%，截至2015年10月，南昌燃气的天然气用户数占南昌市全部燃气用户比例达到60%以上，占南昌市全部天然气用户比例达到90%以上，基本垄断了南昌市天然气市场。

2013年、2014年及2015年1~9月，南昌燃气营业收入分别为62458.75万元、77829.71万元及75943.85万元，净利润分别3159.29万元、2067.92万元及6316.27万元。报告期内，南昌燃气营业收入持续增长，但利润水平较低且波动较大（见表6-4）。南昌燃气主营业务为燃气工程安装、燃气销售两类，该两类业务的变动共同决定了报告期内南昌燃气的盈利特征。

表6-4 南昌燃气并购前主要财务数据　　　　　　　　单位：万元

项目	2015年9月	2014年12月	2013年12月
资产总额	115228.27	115735.24	106920.77
负债总额	59499.32	66340.36	58969.12
所有者权益合计	55728.95	49394.88	47951.65
归属母公司所有者权益合计	55728.95	49394.88	47951.65
营业收入	75943.85	77829.71	62458.75
营业利润	8435.09	4314.50	5869.78
利润总额	8526.07	2912.97	4365.38
净利润	6316.27	2067.72	3159.29
归属母公司所有者的净利润	6316.27	2067.72	3159.29
扣除非经常性损益后的归母公司净利润	6228.28	2422.13	4243.62

资料来源：公司年度财务报表。

（2）公用新能源的基本情况。公用新能源的主营业务为车用天然气销售，从上游天然气供应商处采购CNG和LNG，并通过假期子站销售给终端客户。现阶段，公用新能源的主要供气对象为南昌市辖区内的公交车、出租车等。

公用新能源是南昌市最大的车用天然气供应商，约占全市车用天然气总供气量的80%。受益于近年来南昌市对车用天然气推广的大力支持,公用新能源快速新建CNG和LNG加气站,各加气站地理位置优越,竞争力较强,天然气销售规模也随之大幅跃升。

2013年、2014年及2015年1~9月,公用新能源营业收入分别为3708.67万元、13032.18万元和12187.07万元,2014年较2013年增长251.4%,2015年1~9月较2014年同期平均数增长24.69%。

2013年、2014年及2015年1~9月,公用新能源净利润分别为203.72万元、439.38万元和556.51万元,2014年较2013年增长115.68%,2015年1~9月较2014年同期平均数增长68.88%(见表6-5)。

表6-5 公共新能源并购前主要财务数据　　　　单位:万元

项目	2015年9月	2014年12月	2013年12月
资产总额	6098.22	5888.07	5567.26
负债总额	663.51	912.71	1031.29
所有者权益合计	5434.71	4975.36	4535.98
营业收入	12187.07	13032.18	3708.67
营业利润	702.35	522.87	207.42
利润总额	763.10	508.51	202.63
净利润	556.51	439.38	203.72
扣除非经常性损益后的净利润	499.98	423.30	166.08

资料来源:公司年度财务报表。

(3)二次供水的基本情况。随着近年南昌市城镇化提速及房地产投资快发展,二次供水公司抓住南昌市城镇化提速及房地产投资快速发展的市场机遇,以二次供水设备为核心的二次供水管道设备安装业务及二次供水设备的销售业务得以快速发展。

截至2015年9月30日,二次供水公司资产总额16760.49万元,其中流动资产16468.35万元,非流动资产292.14万元。流动资产中,存货1801.94万元,货币资金6150.29万元,应收账款6207.61万元,预付账款2099.07万元。非流动资产中,固定资产175.18万元。

2013~2014年，二次供水公司主营业务收入由17454.74万元增至30500.95万元，增幅约为74.74%，主要是供水工程收入由2013年的10731.87万元增至22417.44万元，增幅约为108.87%，主要原因是公司把握南昌二次供水市场尚未成熟的发展机遇，大力开拓二次供水工程业务及培育二次供水服务业务，使供水工程数量和相应收入有较大增幅（见表6-6）。

表6-6 二次供水公司并购前主要财务数据　　　　单位：万元

项目	2015年9月	2014年12月	2013年12月
资产总额	16760.49	25498.06	14877.80
负债总额	12002.63	22677.57	13384.86
所有者权益	4757.86	2820.49	1492.94
归属母公司所有者权益合计	3891.60	2647.62	1413.43
营业收入	19094.46	30500.95	17454.74
营业利润	1861.50	1542.69	902.42
利润总额	1839.02	1531.99	910.46
净利润	1346.78	1127.55	679.82
归属母公司所有者的净利润	1192.39	1132.19	743.84
扣除非经常性损益后的归母公司净利润	1063.76	1043.71	758.95

资料来源：公司年度财务报表。

6.2.3　并购方案及流程分析

6.2.3.1　洪城水业并购方案介绍

洪城水业此次并购重组方案包括两个，分别为发行股份购买资产和募集配套资金。本次拟注入的标的资产为南昌燃气51%股权、公用新能源100%股权、二次供水100%股权，价格均以具有证券期货相关业务资格的评估机构出具的评估结果作为基础，经交易各方协商确定。以2015年4月20日为评估基准日，本次重大资产重组拟注入资产南昌燃气 51% 股权的评估值为 37283.82 万元、公用新能源 100% 股权的评估值为 6642.59 万元、二次供水公司 100% 股权的评估值为 13853.47 万元。经交易各方的协商最终达成统一意见，标的资产作价即评估值合计为 57779.88 万元。

为了提高并购重组的绩效，增强重组完成后上市公司的盈利能力和可持续发展能力，洪城水业以审议此次重大资产重组事项的第五届董事会第 11 次临时会议决议公告日前 20 个交易日股票交易均价的 90%。经除息后发行价格为 10.52 元每股，向投资集团、李龙萍、国泰君安资管非公开发行股票募集配套资金，募集资金规模为 57675 万元，不超过标的资产交易金额的 200%。

非公开发行股票募集配套资金的生效和实施以本次资产重组的生效和实施为条件，但最终配套融资发行成功与否不影响发行股份购买资产的实施。

6.2.3.2 洪城水业并购流程介绍

完整的公司并购过程应该包括三大阶段：并购准备阶段、并购实施阶段、并购整合阶段。

（1）并购准备阶段。在并购准备阶段，并购公司确立并购攻略后，应该尽快组成并购小组。一般而言，并购小组包括两方面人员，即并购公司内部人员和聘请的专业人员，其中至少要包括律师、会计师和来自投资银行的财务顾问，如果并购涉及较为复杂的技术问题，还应该聘请技术顾问。

（2）并购实施阶段。并购实施阶段由并购谈判、签订并购合同、履行并购合同三个环节组成。并购交易谈判的焦点问题是并购的价格和并购条件，包括并购的总价格、支付方式、支付期限、交易保护、损害赔偿、并购后的人事安排、税负等。双方通过谈判就主要方面取得一致意见后，一般会签订一份《并购意向书》（或称《备忘录》）。

（3）并购整合阶段。并购的整合阶段主要包括财务整合、人力资源整合、资产整合、企业文化整合等方面事务。

洪城水业（600461）在 2015 年 3 月 21 日晚间发布公告，公司正在筹划重大资产重组，为了保证公平信息披露，维护投资者利益，避免造成公司股价异常波动，经公司申请，公司股票自 2015 年 3 月 13 日起预计停牌不超过一个月。

洪城水业（600461）在 2016 年 2 月 18 日晚间公告称，公司于 2 月 18 日接到中国证监会通知，中国证监会上市公司并购重组审核委员会将于近日召开工作会议，审核公司发行股份购买资产并募集配套资金暨关联交易的重大资产重组事项。经公司向上海证券交易所申请，公司股票自 2 月 19 日开市起停牌，待公司公告并购重组委审核结果后复牌。

2016 年 2 月 29 日，经中国证监会上市公司并购重组委员会 2016 年第 14 次工作会议审核，江西洪城水业股份有限公司发行股份购买资产并配套募集资金的重大资产重组事项获得无条件通过。至此，洪城水业此次并购重组基本完成。

6.2.4 估值方法选择与运用

在对南昌燃气进行评估时，由于资产类别各不相同，且类型较多，采取的主要是资产基础法与收益法两种方法对评估结果进行分析，确定评估结论的最终取值。表 6-7 所示为南昌燃气并购前资产负债情况。

表 6-7 南昌燃气并购前资产负债情况　　　　单位：万元

项目	南昌燃气		
	2015 年 9 月	2014 年 12 月	2013 年 12 月
流动资产：			
货币资金	13020.2	13323.3	7686.1
应收账款	5949.5	64840.0	10297.3
其他应收款	617.2	4904.6	5269.5
预付账款	1076.5	2338.5	1524.5
存货	3031.3	4492.7	5378.9
其他流动资产	2088.9	2163.3	1501.8
流动资产合计	25813.7	33706.5	31658.4
长期资产：			
固定资产	65868.1	51998.8	52775.7

续表

项目	南昌燃气		
	2015年9月	2014年12月	2013年12月
可供出售金融资产			1020.0
投资性房地产	302.5	311.8	429.3
在建工程	17470.5	24384.2	15584.5
无形资产	53555.6	4739.6	4865.0
递延所得税资产	417.89	594.4	587.9
非流动资产合计	89414.5	82028.7	75262.4
资产总计	115228.3	115735.2	106920.8
流动负债：			
短期借款			
应付票据	3183.7	4362.2	3640.4
应付账款	8018.5	3574.7	3875.0
预收账款	39830.9	38279.4	27961.5
应付工资	861.1	1642.7	1586.2
应付股利		1837.9	1837.9
应交税金	3107.1	6460.0	8898.4
其他应付款	4008.3	5649.3	6143.0
流动负债合计	59009.6	61806.2	53942.4
长期负债：			
长期借款	200.0	4231.8	4550.0
长期应付职工薪酬	289.6	302.3	258.0
递延所得税负债			218.7
非流动负债合计	489.6	4534.1	5026.7
负债合计	59499.3	66340.3	58969.1
所有者权益：			
实收资本	10000	10000	10000
其他综合收益			656.1

续表

项目	南昌燃气		
	2015年9月	2014年12月	2013年12月
专项储备	217.1	199.3	167.8
资本公积	4004.3	4004.3	4004.3
盈余公积	3135.8	3135.8	3135.8
未分配利润	38371.8	32055.5	29987.6
归属母公司所有者权益合计	55729.0	49394.9	47951.7
所有者权益合计	55729.0	49394.9	47951.7
负债和所有者权益总计	115228.3	115735.2	106920.8

资料来源：公司年度财务报表。

6.2.4.1 资产基础法的运用

（1）流动资产评估。评估中，南昌燃气的流动资产包括货币资金、应收款项、预付款项、应收股利、存货，其他流动资产的评估基本按照核实后的账面价值来确认估值。

（2）长期股权投资评估。评估长期股权投资时对全部被投资单位评估基准日的整体资产进行评估，将投资单位评估基准日净资产评估值乘以占股比例计算确定评估值，即：

长期投资评估值＝被投资单位整体评估后净资产×持股比例

（3）投资性房地产评估。根据项目评估目的和评估对象的特点，对投资性房地产选择的是收益法进行。

按照评估的客观性原则，通过市场调查和价格行情比较分析，确定出评估对象的租金水平，以年租金代表该评估对象的年总收益，扣除为获取该收益所必须支付的各种费用后，将各年净收益折现，测算出评估对象的价值。其计算公式为：

$$\sum_{t=1}^{n} V = \frac{A_t}{(1+R)^t}$$

其中，V 为评估值，A_t 为第 t 年的净收益，R 为折现率，n 为收益年限。

(4) 设备类资产评估。对设备类资产包括机器设备、车辆及电子设备，将按原用途继续使用，因此评估方法采用的是重置成本法。基本公式为：

评估值 = 重置价值 × 总和成新率

(5) 在建工程评估。对在建工程评估值采用的是重置成本法，即通过计算现下被评估资产全新状态的成本来求取在建工程的价值。计算公式为：

在建工程评估价值 = 经核实后的账面工程成本 × 评估基准日到工程施工日间的类比指数 + 工程应分摊的资金成本

评估基准日到工程施日的类比指数 = 评估基准日类似工程的工程成本/工程施工日类似工程的工程成本

(6) 土地使用权评估。对土地使用权评估采用的是市场法与基准地价系数修正法为主，成本逼近法为辅的方法。

基准地价系数修正法就是指求取一宗待估宗地价格时，利用相对应级别或区域基准地价，利用宗地地价修正系数，对已公布的同类同级或同一区域土地基准地价进行修正的方法。基本公式为：

$$P = P_{1b} \times (1 \pm \sum K_i) \times K_j + D$$

其中，P 为估算后的土地价格，P_{1b} 为某一土地级别上的基准地价，$\sum K_i$ 为宗地地价修正系数，K_j 为评估期日、土地使用年期等综合修正系数，D 为土地开发程度修正值。

市场法是根据市场中的替代原理，将待估土地与具有替代性的且在评估时点近期市场上交易的类似地产进行比较，并对类似地产的成交价格做适当的修正，以此估算土地价格的一种方法。在同一公开市场中，两宗以上具有替代关系的土地价格因竞争而趋于一致。市场法的基本公式如下：

PD = PB × A × B × C × D × E

其中，PD 为待估宗地价格，PB 为比较案例价格，A 为待估宗地评估情况指数/比较案例宗地情况指数，B 为待估宗地评估期日地价指数/比较案例宗地交易日期指数，C 为待估宗地区域因素条件指数/比较案例宗地区域因素指数，D 为待估宗地个别因素条件指数/比较案例宗地个别因素指数，E 为待估宗地年期修正指数。

成本逼近法是以土地取得费、土地开发所耗各项费用之和为主要依据，再加上一定的利息、利润、应缴纳的税金和土地增值收益来确定土地价格的一种估价方法。其基本公式为：

$$P = E_i + E_d + T + R_1 + R_2 + R_3 = PE + R_3$$

其中，P 为土地价格，E_i 为土地取得费，E_d 为土地开发费，T 为税费，R_1 为利息，R_2 为利润，R_3 为土地增值，PE 为土地成本价格。

（7）其他无形资产评估。其他无形资产评估按照是否能给企业带来经济利益确定评估值。

（8）递延所得税资产评估。根据可抵扣暂时性差异及适用税率，按照影响未来期间应缴所得税的金额确定评估值。

（9）负债评估。负债评估包括的范围有应付票据、应付账款、预收账款、应付职工薪酬、应交税费、应付股利、其他应付款、长期借款及长期应付职工薪酬，并以评估基准日被评估单位实际需要承担的负债金额确定评估值。

以上评估结果如表 6-8 所示。

表 6-8 资产基础法评估南昌燃气结果

单位：万元

项目	账面价值	评估价值
流动资产	30613.30	30733.04
非流动资产	80951.99	116170.48
长期股权投资	5057.21	20487.22
投资性房地产	307.67	1506.84
固定资产	53111.91	65590.22
在建工程	17061.76	17320.17
无形资产	5081.87	10934.50
递延所得税资产	331.57	331.53
资产总计	111565.29	146903.52
流动负债	73267.20	73267.20
非流动负债	530.79	530.79
负债合计	73797.99	73797.99
净资产（股东全部企业价值）	37767.30	73105.53

6.2.4.2 收益法的运用

对企业股东全部权益价值的估值采用的是收益法。根据南昌燃气的自身特点,建立了以下收益法估值模型:

股东全部权益价值=经营性资产价值+非经营性资产-非经营性负债-有息负债价值

(1) 确定经营性资产价值。经营性资产价值计算公式可用收益法的一般模型公式计算,即:

$$V = \sum_{t=1}^{n} \frac{CF_t}{(1+r)^t} + \frac{TV}{(1+r)^n}$$

1) 自由现金流的确定。

自由现金流=息税前利润-所得税+折旧及摊销-营运资金追加额

2) 折现率的确定。按照收益额与折现率协调配比的原则,评估收益额口径为企业自由现金流,则折现率应当选取健全平均资本成本,缩写为WACC。

$$WACC = \frac{S}{S+B} \times R_S + \frac{B}{S+B} \times R_B \times (1-t_C)$$

$$R_s = R_f + [E(R_m) - R_f] \times \beta + \alpha$$

3) 预测期限的确定。现金流的持续年期取决于资产的寿命。企业的寿命不确定,可以假设企业将无限期持续经营。通常将预测的时间分为两个阶段——逐年预测期和永续期。在评估南昌燃气时的逐年预测期为2015年5~12月至2020年,2020年后为永续期。

(2) 非经营性资产、负债价值的确定。非经营性资产、负债都可以认为是企业持续运营中并不必需的资产或负债,如溢余现金、有价证券、与预测企业收益流不相关的其他资产或负债等。非经营性资产、负债价值(除长期股权投资以收益法评估认定外)以资产基础法各分项资产及负债的评估认定,在计算出经营性资产价值后,将非经营性(或溢余)资产减非经营性(或溢余)负债的净值予以加回。

(3) 有息负债价值的确定。根据会计报表中所反映的有息负债确定。

以上评估结果如表6-9所示。

表 6-9　收益法评估南昌燃气结果　　　　　　　单位：万元

项目	金额
现金流现值合计	65865.82
加：溢余非经营性资产、负债净额	7092.87
减：基准日付息债务	231.82
股东全部权益价值	72726.87
账面净资产（合并口径）	50660.58
评估增减值	22066.29
账面净资产（母公司口径）	37767.30
评估增减值额	34959.57

6.2.4.3　评估结论的最终取值

通过对收益法和资产基础法评估结果进行分析，发现两者相差不大。最终选取资产基础法结果为最终取值，理由如下：

南昌使用管道天然气时间晚，天然气普及率正处于快速上升阶段；在国家能源价格改革逐步到位、能源理顺后，管道燃气价格回归合理。同时，近年来南昌燃气通过整合南昌市其他燃气公司，并对未予整合的燃气公司转供气，市场地位、市场集中程度进一步提高。在企业基本面持续向好的情况下，盈利预测可能受到主观判断的影响，具有一定的不确定性。资产基础法以资产负债表为基础，从重置成本角度出发，以各单项资产和负债的市场价值替代其历史成本，并在各单项资产评估值加和的基础上扣减负债作为权益评估值。作为重资产企业的南昌燃气，资产基础法已经很好地反映了自身的企业股东全部权益价值，故资产基础法比收益法有着更好的针对性和准确性。综上所述，对南昌燃气的估值最终采用的是资产基础法的评估结果。

根据上述评估工作，在评估假设前提下，截至评估基准日 2015 年 4 月 30 日，南昌市燃气集团有限公司股东全部权益价值为 73105.53 万元。

（1）对公用新能源的估值方法运用。因受到国内流通市场条件的限制，很难获取足够的与公用新能源类似的参照公司的估值案例材料，在上市公司中寻找到在现金流量、增长潜力及风险等方面与公用新能源类似的参考公司也很困难,因此该案例不适合用市场法来估值。因此,根据公用新能源集团的特点,和南昌燃气相同,采用收益法与资产基础法进行估值分析。因方法与南昌燃气估值采用的方法相同,故不赘述估值过程。估值结果如下:

1) 资产基础法评估结果如表 6-10 所示。

表 6-10　资产基础法评估公用新能源结果　　　　　单位:万元

项目	账面价值	评估价值
流动资产	1988.23	1999.55
非流动资产	3678.27	3645.47
固定资产	3560.48	3543.97
在建工程	100.85	100.85
递延所得税资产	16.94	0.65
资产总计	5666.50	5645.02
流动负债	651.95	651.95
负债合计	651.95	651.95
净资产(所有者权益)	5014.55	4993.07

2) 收益法评估结果如表 6-11 所示。

表 6-11　收益法评估公用新能源结果　　　　　单位:万元

项目	金额
企业经营资产评估值	6524.67
加:溢余资产及非经营性资产净额	117.92
企业资产评估值	6642.59
减:付息负债	0
股东全部权益评估结果	6642.59
股东全部权益账面值	5014.55
增加值	1628.04

3) 评估结论的最终取值。收益法评估结果比资产基础法高 1649.52 万元。资产基础法是以资产的成本重置为价值标准,反映的是对各类单项资产

的投入所耗费的构建成本，这种构建成本通常随着国民经济的变化而变化，评估结果难以涵盖注入客户资源、销售网络、商誉等其他无形资产的价值。收益法评估是以资产的预期收益为价值标准，反映的是资产经营能力的大小，这种获利能力通常受到宏观经济、政府控制、企业经营管理及资产的有效使用等多种条件的影响。

从一个投资者的角度来看，一个企业的价值是由其获利能力所决定的，采取收益法评估是将企业未来经营活动净现金流按照一定的折现率进行折现后确定其价值，评估结果更能客观、全面地反映包括企业经营规模、客户资源、营销网络、特许经营权及商誉等无形资产在内的企业价值。

因此，依据评估准则，结合本次资产评估对象、目的、使用的价值类型，经过比较分析，收益法的评估结果更能完整、合理地反映被评估企业的股权价值，因此选定收益法评估结果作为最终评估结果，公用新能源股东全部权益评估价值为6642.59万元。

（2）对二次供水公司的估值方法运用。因对二次供水公司估值时发现其不具备市场法的条件，故在评估时运用的依旧是收益法和资产基础法。

1）资产基础法评估结果如表6-12所示。

表6-12 资产基础法评估二次供水公司结果　　　　　　单位：万元

项目	账面价值	评估价值
流动资产	10663.90	10663.90
非流动资产	1762.16	1749.95
长期股权投资	261.65	261.69
固定资产	166.60	174.80
无形资产	20.45	
递延所得税资产	81.46	81.46
其他非流动资产	1232.00	1232.00
资产总计	12426.00	12413.85
流动负债	9077.96	9077.96
负债合计	9077.96	9077.96
净资产（所有者权益）	3348.10	3335.89

2) 收益法评估结果如表 6-13 所示。

表 6-13 收益法评估二次供水公司结果　　　　单位：万元

项目	金额
企业经营资产评估值	11485.02
加：溢余资产及非经营性资产净额	2368.45
企业资产评估值	13853.47
减：付息负债	—
股东全部权益评估结果	13853.47
母公司口径股东全部权益账面价值	3348.10
增加值	10505.37
合并报表口径股东全部权益账面价值	3599.49
增加值	10253.98

3) 评估结论的最终取值。在南昌市二次供水行业分散、混乱、专业化程度低的市场竞争环境中，企业充分发挥了南昌市自来水供水系统唯一的二次供水公司的专业化优势，通过市场竞争树立了良好的市场形象及品牌信誉，历经多年发展，营业收入实现了跳跃性的增长，在南昌市二次供水设备安装市场影响力逐年提升。随着社会固定资产投资规模趋于放缓，二次供水工程业务的增速也将回归理性，连年翻番增长的增速难以长期持续，二次供水工程业务将进入一个相对平稳的发展阶段。同时，南昌市大量存量二次供水采用的是水箱、水塔等传统方式，供水安全、水质都无法得到保障，随着居民用水安全意识的日益增强，市场空间更大的旧城区旧校区二次供水改造市场需求正在释放，将为二次供水施工业务的发展提供更加广阔的需求。

收益法评估结果较资产基础法高出了 10517.58 万元。从投资的角度来讲，一个企业的价值是由其获利能力所决定，而收益法可以将企业未来经营活动净现金流按照一定折现率进行折现后来确定价值，相比资产基础法更加客观和全面。因此，依据评估准则进行比较分析，认为收益法的评估结果更加完整与合理。最终选定收益法的结果作为最终评估结果,即二次供水公司股东全部权益评估价值为 13853.47 万元。

6.2.5 洪城水业并购前后财务分析

6.2.5.1 盈利能力分析

盈利能力是指企业在日常经营活动中,通过销售商品、提供劳务等手段赚取利润的能力。企业要想扩大生产规模,谋求更大的发展,必须不断地获取利润。盈利能力强的企业很明显有更好的发展空间。

从表 6-14、图 6-5 可以明显看出,洪城水业在并购南昌燃气、公用新能源及二次供水集团前,营业净利润率、加权净资产收益率、摊薄净资产收益率一直处于相对平稳上升的趋势,在并购完成后,营业净利润率下降了 2.54%,加权净资产收益率下降了 1.48%,摊薄净资产收益率下降了 1.79%,但总体下降幅度不大,总资产净利率小幅上升了 0.7%,且近年来一直处于稳中有升的状态。这说明,在并购完成后,洪城水业的净利润总量有所上升,资产利用的效益相较之前更好,整个企业获利能力更强,经营管理水平更高。

表 6-14 洪城水业 2013~2016 年的盈利能力指标　　　　单位:%

项目	2016 年 12 月	2015 年 12 月	2014 年 12 月	2013 年 12 月
总资产净利率	4.39	3.69	3.16	2.27
营业净利润率	9.40	11.94	10.49	8.53
加权净资产收益率	8.28	9.76	8.27	5.83
摊薄净资产收益率	7.54	9.33	8.00	2.70
毛利率	24.46	31.34	33.69	32.30

资料来源:公司年度财务报表。

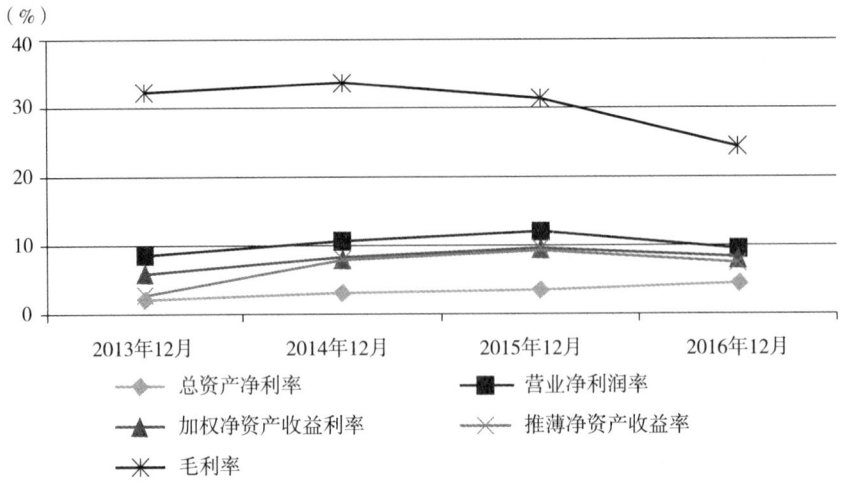

图 6-5 洪城水业 2013~2016 年的盈利能力指标折线图

资料来源：公司年度财务报表。

6.2.5.2 营运能力分析

营运能力是指企业对资产使用的效率，直接表现为企业利用资产创造营业收入的能力。营运能力强，表明企业在取得较高的营业收入的同时，只需以较低的资产和资金为代价。高营运能力一般会对应高偿债能力和高盈利能力。

从表 6-15、图 6-6 可以很清晰地看出，总资产周转率在并购前逐年稳步小幅递增，在并购完成后上升了 0.16，较前几年有明显提高。这说明，并购完成后，资产运营水平有明显的提高。

表 6-15 洪城水业 2013~2016 年的营运能力指标

项目	2016 年 12 月	2015 年 12 月	2014 年 12 月	2013 年 12 月
总资产周转率（次/年）	0.47	0.31	0.30	0.27
应收账款周转率（次/年）	6.63	5.48	6.52	6.52
存货周转率（次/年）	23.91	21.97	31.77	33.21

资料来源：公司年度财务报表。

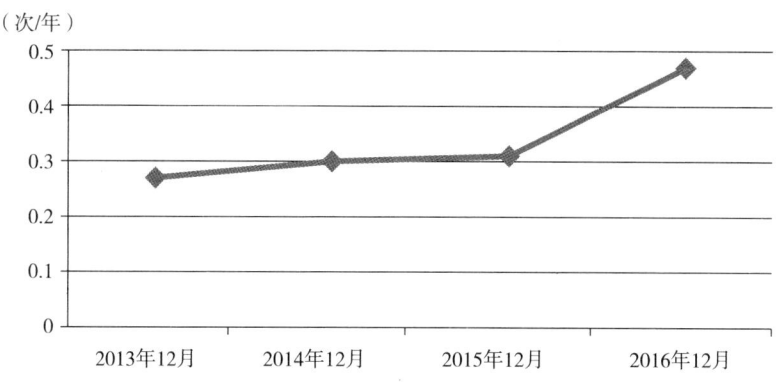

图 6-6 洪城水业 2013~2016 年的总资产周转率折线图

资料来源：公司年度财务报表。

从图 6-7 可以看出，应收账款在并购前一直处于下降趋势，尤其 2015 年较 2014 年下降了 1.04，说明在并购前，洪城水业应收账款收款期略长，企业资金被其他企业占有。应收账款回收速度下降，当企业需要资金时，可能会因为应收账款较高，导致产生资金缺口，同时也增大了洪城水业坏账成本。并购完成后，应收账款周转率在 2016 年有了小幅度的上升，上升值为 1.15，达到了 6.63 的水平。但此数值尚未达到社会平均水平。因此，并购完成后，洪城水业应当在赊销的同时，加强对应收账款回收的管理，确保企业现金净流量的增长。

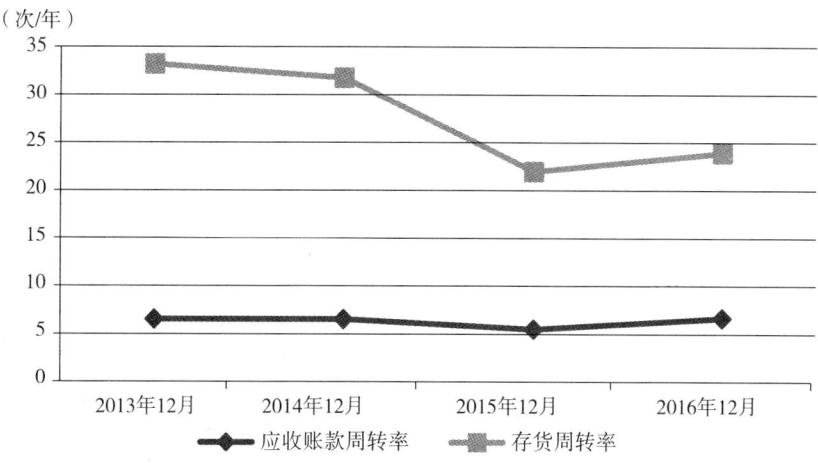

图 6-7 洪城水业 2013~2016 年的应收账款周转率与存货周转率折线图

资料来源：公司年度财务报表。

洪城水业的存货周转率在2013~2015年一直处于下降的状态，说明存货周转速度变慢，一般这种情况下存货的占压资金多，流动性变弱，利润率变小，也降低了企业的变现能力。但在2016年，并购完成后存货周转率有了明显的提高，上升了1.94。这说明，并购完成后，企业存货积压的状况有所好转，企业资金变现的能力也相应有所提高。

6.2.5.3 偿债能力分析

偿债能力分析分为短期偿债能力分析与长期偿债能力分析。其中，短期偿债能力是指企业以其流动资产支付流动负债的能力。常见的指标有流动比率、速动比率、现金比率等。

长期偿债能力分析指的是企业偿还一年期或超过一年的一个营业周期以上的长期债务的现金保障程度。它不仅可以如我们常看到的那样，用来反映企业偿还长期负债的能力，也经常被用于分析企业成本结构的合理性。长期偿债能力是企业债权人、投资者、经营者和与企业有关联的各方面都十分关注的重要问题，其中资产负债率就是长期偿债分析的一个指标。

流动比率是流动资产与流动负债的比值，反映企业短期偿债的能力，实际上也表明了企业流动资产的变现能力，是衡量短期偿债能力最常用的指标。该指标越高，说明企业短期偿还能力越强，债权人的权益越有保证；反之则反是。

速动比率是指速动资产除以流动负债的比值。一般而言，在流动资产中变现能力最弱的是存货，而且，由于某些原因，存货中可能含有已经损失报废但还没有处理的不能变现的存货，另外，存货还存在着成本与合理市价相差悬殊的问题，所以计算时采用了流动资产减存货的简化计算。通常认为，该指标越高，说明企业的流动性越好，企业短期偿债能力越强，对债权人而言，其权益的安全程度就越高。速动比率剔除了变现能力较弱的存货，比流动比率更能准确地反映企业短期的流动性、变现能力及偿债能力。

从表6-16、图6-8可以看出，洪城水业在2016年完成并购后，流动比率和速动比率有明显的下降趋势，且均小于1。这说明，在一定程度上洪城水业的短期偿债能力下降了，债权人的保障程度下降了，财务风险也随之提高了。其流动比率和速动比率也低于同行业平均水平。

表 6-16　洪城水业 2013~2016 年的偿债能力指标

项目	2016 年 12 月	2015 年 12 月	2014 年 12 月	2013 年 12 月
流动比率	0.67	0.73	0.59	0.60
速动比率	0.63	0.68	0.56	0.57
资产负债率（次/年）	56.28	62.00	61.53	61.15

资料来源：公司年度财务报表。

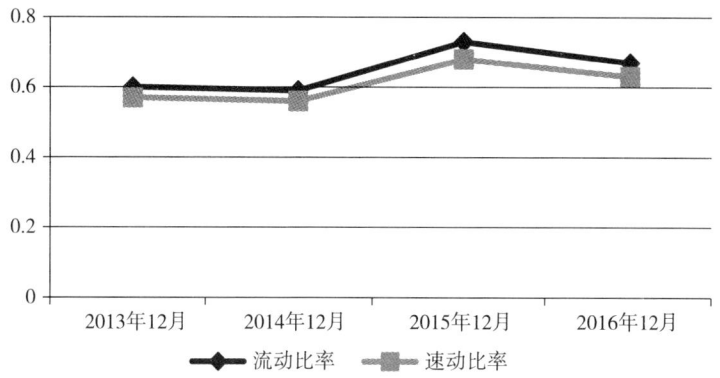

图 6-8　洪城水业 2013~2016 年的流动比率与速动比率折线图

资料来源：公司年度财务报表。

资产负债率是长期偿债能力的一个分析指标，它是负债总额与资产总额的百分比，通常用来反映企业负债的程度，从债权人角度来说反映了债权人权益的安全程度。这一比率是一个反指标，值越小，表明企业的长期偿债能力越强。

资产负债率达到多少为合理，国际上并没有一个确定的标准。一般认为，资产负债率太低，意味着企业太过保守，不懂得负债经营；但是出于安全的角度考虑，该指标也不能太高，否则企业债务负担过大，企业偿债能力不强。一般认为，资产负债率的适宜水平是 40%~60%，但是对于不同国家、不同行业甚至不同时期，资产负债率适宜度的认可有所不同。

从图 6-9、表 6-17 可以看出，在并购完成后，2016 年资产负债率有了明显的下降，相较于 2015 年下降了 5.72%，资产和负债在并购完成后都有所增加，这说明负债涨幅小于资产涨幅。从国际水平来看，洪城水业的资产负债

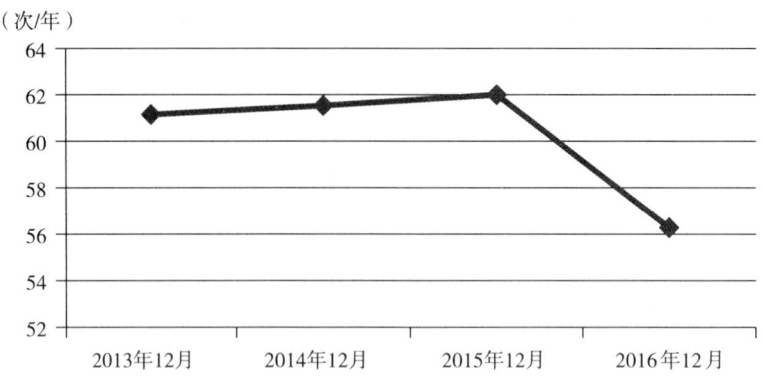

图 6-9　洪城水业 2013~2016 年的资产负债率折线图

资料来源：公司年度财务报表。

率一直围绕着 60% 上下波动，说明其资产负债率保持在一个良好的水平。并购扩张导致的资产额增加影响了资产负债率，导致其出现一定程度的下降。

表 6-17　洪城水业并购前后的资产负债简表　　　　单位：亿元

项目	2016年12月	2015年12月	2014年12月	2013年12月
资产：				
货币资金	9.36	5.83	2.94	2.13
应收账款	5.91	4.74	2.44	2.06
其他应收款	0.50	0.52	0.33	0.41
存货	1.32	1.15	0.36	0.25
流动资产合计	19.6	14.5	6.30	5.02
长期股权投资	1.10	1.32	0.73	0.71
累计折旧	1.58	1.40	0.87	0.84
固定资产	20.3	17.3	10.1	7.77
无形资产	25.7	25.3	24.4	24.9
资产总计	77.5	69.5	49.7	46.3
负债：				

续表

项目	2016年12月	2015年12月	2014年12月	2013年12月
应付账款	9.21	7.32	3.47	3.29
预收账款	5.83	4.97	0.44	0.33
存货跌价准备	—	—	—	0.002
流动负债合计	29.2	21.2	10.7	8.29
长期负债合计	14.4	20.6	19.9	20.0
负债合计	43.6	41.7	30.6	28.3
权益：				
实收资本	7.90	3.30	3.30	3.30
资本公积金	13.5	13.1	11.7	11.7
盈余公积金	1.16	0.96	0.62	0.52
股东权益合计	33.9	27.7	19.1	18.0

资料来源：公司年度财务报表。

6.2.6 并购估值方法的分析及建议

6.2.6.1 案例估值方法的选择

本章对国有上市公司并购母集团子公司的估值进行了研究和分析，并得出了一些结论。国有上市公司在并购母集团子公司时采用收益法评估较为合理，通过估测被评估企业未来预期现金流量来判断企业价值，在风险一定的情况下，被评估公司未来能产生的现金流量越多，公司的价值越大，即公司的内在价值与其未来产生的现金流成正比。在现金流一定的情况下，被评估公司的风险越大，公司的价值就越低，即公司内在价值与风险成反比。根据被评估企业的预期收益来评估其价值，较容易被交易相关各方接受。

收益法不仅是一种方法，更是一种思路、途径，所以近年来国际评估界越来越多地将收益法改称为收益途径。在这个总的思路和途径指导下，有一系列的具体方法，指导我们在评估过程中选择何种收益口径、如何确定折现率等重要参数。

收益法是资本市场、证券市场中最具有说服力的一种评估方法,当然其前提是收益法得到合理运用。这是因为,在资本市场、证券市场上进行交易的并不是重建企业,也不是短期持有企业期待在转让中获益,而是作为长期投资者和理性投资者,更为看重的是目标企业的长期获利能力。

收益法在运用过程中需要使用评估假设和主观判断,因此也就注定了收益法是争议最大的一种方法。从案例中我们看出,假设是必需的,因为企业状况太复杂多变,如果不将一些市场条件等变量通过假设的方式予以合理固定,评估分析将因为变量太多而无法进行。就本次收益法的使用过程中,从目标企业本身出发,在估计企业的增长率和贴现率的时候,包含了行业的发展情况,进行了大量的预测,但在使用可比公司的市盈率时,特别是并购中的一些公司,无法得到其内部经营管理情况及其企业战略和财务政策等,因此无法对其市盈率进行有效的调整。我们应当理性地认识假设及其在评估中的重要作用,不能片面地要求评估人员对未来发生的事项提供保证。当然,评估师有义务确信在评估过程中使用的假设具有合理性。

通过以上的估值分析不难发现,当两种方法估值结果差异较大时,选取资产价值基础法的估值结果作为最终结果,因为未来收益的预测会受到很多因素的影响,如主观印象因素,这样得到的结果我们认为是不准确的。而两种方法估值结果相差不大时,采用未来收益折现法,因为未来收益折现法可以将企业未来经营活动净现金流按照一定折现率进行折现后来确定价值,相较于资产价值基础法更加客观和全面。

6.2.6.2 建议

为了克服上述缺陷,必然要对未来收益折现评估模型进行分析和改进。例如深入企业经营,在深刻了解行业发展现状的基础上,准确把握目标企业未来市场定位和发展趋势,预测并购后目标企业盈利能力及获得现金的水平,减少人为因素对未来预测的偏差。对未来收益的预测要考虑其动态波动性,要分析财务风险变化对企业价值评估的影响。同时需要对特定行业特定发展阶段的折现率选择不同的计算参数,以准确反映企业未来的潜在价值。对现金流量的预测要考虑其动态波动性,要分析财务风险变化对企业价值评估的影响。预测数据直接影响评估结果的客观性和准确性,影响到评估价值的高低,因此必须慎重。企业行为在经营中会根据环境的变化而改变,企业的举债数额和负债比率会引起财务杠杆的波动。这种风险的变化主要在折现率中得到反映。除此之外,可考虑运用多种估值方法对同一目标公司进行估值,根据具体对象的特点及对估值结果的比较选取更加合适的方法确定最终估值结果。

7 结论与展望

7.1 研究结论

并购重组作为企业实现跨越式发展的有效途径,对企业的持续健康发展至关重要。本书选取了两个并购重组案例来进行研究,重点对并购重组估值进行研究,并预测目标企业未来收益,得出了以下结论:

第一,企业在完成集团层面的并购重组后,要注意后期的整合阶段,整合阶段才是决定并购重组成败的关键。两家企业只有通过业务、组织结构、人力资源及企业文化的整合后,才能使其真正地融合在一起,对于提高经营管理的效率、增强企业的竞争力都有明显的促进作用。在企业内部也要谨防代理人之间的利益冲突,在企业并购重组过程中,双方代理人可能在企业的战略目标、管理方式上存在些许差异,这些差异很可能会导致在企业内部代理人"各自为政",并购重组会演变为双方代理人地盘及实力的比拼。为了使并购后的整合阶段能够顺利地完成,一方面,需要发挥企业并购重组主体的作用,求同存异,实现两者的和谐并进;另一方面,双方企业也应该制定合理详细可行的整合计划,要严格地予以执行,并在整合的过程中不断反馈整合的效果以调整整合计划。

第二,通过战略重组加快市场化改革进程,建立更加高效完善的现代公司制度,有利于改善被并购方的融资成本。重组后促发企业的内生动力,集团能够为子公司提供更加便利的融资,促进内部资源的有效转移和融合。因此，在集团战略重组背景下，洪城水业作为江西省省内的上市企业，未来在区域资源整合方面的价值值得期待，有望加速整合区域资源，实现资源最大化利用。

第三，在估值方法使用方面，本书发现，目前收益法和资产价值基础法在上市公司并购重组中使用比例较高，但最终评估价值选择何种方法还要根据企业的具体情况进行考量。本书的两个案例均使用收益法和资产价值基础法来进行价值评估，最终都使用收益法作为评估结果，从可能影响收益法选用的几个因素的角度看，收益法在有形资产占比低但收益较高的行业（如文化传播行业和信息行业）选用比例较高。收益法在股权收购等股权置入类评估、国家持股和国有法人持股企业评估及重大资产重组类的评估项目中选用比例较高。关联交易对收益法的选用几乎没有影响。资产价值基础法和收益法的评估差异率对收益法的选用影响较大。总体来说，收益法在我国并购重组实践中的选用较为合理，但由于对于不同评估方法评估结果差异分析的不足，收益法的选用仍然存在着一定的随意性。评估人员应提高自身的专业水平和素质，在收益法的选用方面做出更加客观专业的判断。

7.2 研究不足

本书在市场化经济背景下，研究企业并购重组估值，所选案例均具有一定的代表性。但是，由于前期在这方面的研究较少，本书的研究也存在一定的局限性。首先，由于缺少参与实际并购整合的经验，对策与建议很可能在实际环境中可操作性不大，研究出一套考虑多种并购公司价值影响因素的评价体系仍然有很大的空间。其次，由于前人的研究较少，可参考的资料有限，现有的估值研究方法也不是特别的成熟，本书所采用的估值评价方法也不够全面。最后，由于估值方法的修正模拟存在很大的难度，本书并没有对修正方法进行实际的模拟估计，对于这方面的研究仍需要继续。

7.3　研究展望

随着我国改革开放的不断推进,市场经济也将越来越完善,企业的并购重组交易也将越来越多,我们也要从数量上向质量上转变,提高并购双方的实力,注重两者的并购整合效果。同时,在国内外形势相对有利的前提下,中国经济也将发展得越来越好,企业并购重组也会顺利进行,市场竞争也将会更积极、更公平公开,形成我国特有的竞争力,不断地促进国民经济的发展。

在估值评价方法上,随着国内外研究的不断深入,并购估值方法也将得到修正优化,将多因素纳入并购估值的考量之中。同时,选取更多的并购案例进行研究,检验并购估值方法的适用性和准确性,在使用的过程中不断改进估值方法,以实现评估结果的准确性。

参考文献

[1] Ahmed M. Elnahas, Dongnyoung Kim. CEO Political Ideology and Mergers and Acquisitions Decisions [J]. Journal of Corporate Finance, 2017 (4).

[2] Avinash Dixit. Entry and Exit under Uncertainty [J]. Journal of Political Economy, 1989, 97 (3): 620-638.

[3] Beaver, William H. The Time Series Behavior of Earnings [J]. Journal of Accounting Research, 1970, 8 (3): 62-64.

[4] Bennett, Benjamin, Robert Dam. Merger Activity, Stock Prices, and Measuring Gains from M&A [R]. 2018 AFA Annual Meeting Working Paper, July 11, 2017.

[5] C. H. Loch, K. Bode-Gruel. Evaluating Growth Options as Sources of Value for Pharmaceutical Research Projects [J]. R&D Management, 2001, 31 (2): 231-248.

[6] David Frykman, Jakob Tolleryd. 注册估值分析师协会译 [M]. 北京: 机械工业出版社, 2017: 94-97.

[7] Edwards E., Bell P. The Theory and Measurement of Business Income [M]. University of California Press Berkeley, 1961.

[8] El-Khatib, Rwan, Kathy Fogel, Tomas Jandik. CEO Network Centrality and Merger Performance [J]. Journal of Financial Economics, 2015 (116): 349-382.

[9] Fischer Black, Myron Scholes. The Pricing of Options and Corporate Liabilities [J]. Journal of Political Economy, 1973, 81 (3): 637-654.

[10] Freeman R. N., Penman O. S. H. Part II Book Rate-of-Return and Prediction of Earnings Changes: An Empirical Investigation [J]. Journal of Accounting Research, 1982, 20 (2): 639-653.

[11] Garman M., Ohlson J. Information and the Sequential Valuation of

Assets in Arbitrage-free Economies [J]. Journal of Accounting Research, 1980, 18 (2): 420-440.

[12] Gozzi, Juan Carlos, Ross Levinea, Sergio L. Schmukler. Internationalization and the Evolution of Corporate Valuation [J]. Journal of Financial Economics, 2008 (88): 607-632.

[13] James A. Ohlson. A Synthesis of Security Valuation Theory and the Role of Dividends, Cash Flows, and Earnings [J]. Contemporary Accounting Research, 1990, 6 (2): 648-676.

[14] James A. Ohlson. Earnings, Book Values, and Dividends in Equity Valuation [J]. Contemporary Accounting Research, 1995, 11 (2): 661-687.

[15] James A. Ohlson. The Theory of Value and Earnings, and An Introduction to the Ball-Brown Analysis [J]. Contemporary Accounting Research, 1991, 8 (1): 1-19.

[16] James A. Ohlson. Ungarbled Earnings and Dividends: An Analysis and Extension of the Beaver, Lambert, and Morse Valuation Model [J]. Journal of Accounting & Economics, 1989 (11): 109-115.

[17] Jenter, Dirk, Katharina Lewellen. CEO Preferences and Acquisitions [J]. The Journal of Finance, 2015, 70 (6): 2813-2852.

[18] John Carrington Cox, Stephen A. Ross, Mark Rubinstein. Option Pricing: A Simplified Approach [J]. Journal of Financial Economics, 1979 (7): 229-263.

[19] Margaret E. Slade. Valuing Managerial Flexibility: An Application of Real-Option Theory to Mining Investments [J]. Journal of Environmental Economics & Management, 2001, 41 (2): 193-233.

[20] Phillip R. Daves, Michael C. Ehrhard 等. 公司价值评估——管理者、投资者指南 [M]. 张伟, 陈谦译. 北京: 清华大学出版社, 2005.

[21] Robert F. Bruner. Applied Mergers and Acquisitions (foreword by Joseph R Perella), 2004 (3): 292-300.

[22] Shleifer, Vishny. Stock Market Driven Acquisitions [J]. Journal of Financial Economics, 2003 (3): 295-311.

［23］Steward C. Myers. Determinants of Corporate Borrowing［J］. Journal of Financial Economics，1977，5（5）：147-175.

［24］William J. Carney. Mergers and Acquisitions［M］. Wolters Kluwer Law & Business，2009：187-224.

［25］安铁雷，邹先德. 企业价值评估方法的比较及其选择［J］. 科技创业，2007（1）：120-121.

［26］卜洪运，李红珊. 基于改进的实物期权模型的新能源上市企业价值评估研究［J］. 燕山大学学报，2013（4）：122-125.

［27］蔡小娇. 对在企业并购价值评估中应用实物期权理论的思考［J］. 知识经济，2012（4）：92.

［28］柴洪，李桂丽. 公司并购的价值效应及价值估值分析［J］. 武汉理工大学学报，2009（5）：4-7.

［29］陈蕾，于田. 谈退出倍数法的理论框架及其在周期性公司估值中的应用［J］. 财会月刊，2017（19）：53-58.

［30］陈信元，陈冬华，朱红军. 净资产、剩余收益与市场定价：会计信息的价值相关性［J］. 金融研究，2002（4）：59-70.

［31］陈信元，张田余. 资产重组的市场反应——1997年沪市资产重组实证分析［J］. 经济研究，1999（9）：47-55.

［32］陈一博. 风险投资中的企业估值问题研究［J］. 金融理论与实践，2010（1）：64-67.

［33］陈致中. 宏基"微笑曲线"［J］. 东方企业家，2004（4）：88-88.

［34］程凤朝，刘家鹏. 上市公司并购重组定价问题研究［J］. 会计研究，2011（11）：23-27.

［35］程凤朝. 中国上市公司并购重组实务与探索［M］. 北京：中国人民大学出版社，2013：115-117.

［36］董明明. 以新文化收购郁金香为例探讨估值方法的改进［J］. 会计之友，2015（22）：50-54.

［37］段世霞. 复合实物期权分类及其定价［J］. 统计与决策，2012（9）：156-157.

［38］樊宇等. "微笑曲线"视角下的我国环保产业竞争力研究［J］. 生

态经济（中文版），2015，31（11）：47-50.

［39］高见，陈歆玮. 2000中国证券市场资产重组效应分析［J］. 经济科学，2000（1）：66-77.

［40］高劲. 两阶段增长模型的五种模式——股票定价的股利贴现模型的新思考［J］. 广西师范大学学报，2007（5）：51-54.

［41］高琳，鲁杰钢. 上市公司并购重组企业价值评估收益法应用研究［J］. 中国资产评估，2011（6）：17-21.

［42］高锡荣，杨建. 互联网企业的资产估值、定价模型构建及腾讯案例的蒙特尔洛模拟分析［J］. 现代财经（天津财经大学学报），2017（1）：90-100.

［43］葛结根. 并购对目标上市公司融资约束的缓解效应［J］. 会计研究，2017（8）：68-73.

［44］顾桂贤，钱幽燕，李莉. 关于资产基础法中评估增减值所得税的处理［J］. 中国资产评估，2014（6）：16-18.

［45］关辉国，周复之. 实物期权方法在西部持续开发决策中应用［J］. 西北民族大学学报（哲学社会科学版），2014（2）：111-116.

［46］郭鹏. 水务行业投资研究框架［R］. 广发证券发展研究中心，2018.

［47］郭旭芬，熊剑. 中国股票市场会计信息是否价值相关？［J］. 广东商学院学报，2003（6）：53-57.

［48］胡晓明，赵东阳，孔玉生，赵弘. 企业异质与可比公司赋权——基于并购的非上市公司估值模型构建与应用［J］. 会计研究，2013（11）：53-59，96.

［49］黄生权，李源. 群决策环境下互联网企业价值评估——基于集成实物期权方法［J］. 系统工程，2014（12）：104-111.

［50］黄学庭. 企业并购估值中的威斯通模型扩展研究［J］. 财贸研究，2008（2）：123-127.

［51］解康健. 基于"微笑曲线"理论的中国服装企业转型升级研究［D］. 吉林大学硕士学位论文，2012.

［52］李刚. 上市公司并购重组动因及结果分析——以中国南北车合并为

例［J］. 财会通讯, 2018（20）: 96-100.

［53］李昱哲, 梅丽霞. 并购重组中互联网企业估值定价问题研究［J］. 中国资产评估, 2018（4）: 20-24.

［54］刘春杰, 齐海滔. 实物期权在企业并购价值评估中的应用［J］. 商业研究, 2002（15）: 41-43.

［55］刘贵富. 产业链基本理论研究［D］. 吉林大学博士学位论文, 2006.

［56］刘淑莲. 企业价值评估与价值创造战略研究——两种价值模式与六大驱动因素［J］. 会计研究, 2004（9）: 67-71.

［57］刘笑彤, 杨德勇. 互联网金融背景下商业银行并购重组选择差异的效率研究——基于商业银行异质性的 Malmquist 指数实证分析［J］. 国际金融研究, 2017（10）: 65-75.

［58］刘玉平, 王奇超. 资产评估中的实物期权方法研究［J］. 行政事业资产与财务, 2012（13）: 63-66.

［59］陆敏. 企业价值评估方法及其在我国的应用前景［J］. 国际金融研究, 2002（6）: 19-22.

［60］陆涛, 孙即. 上市公司并购重组的商誉风险［J］. 中国金融, 2017（10）: 69-71.

［61］罗琪. 引入非财务指标的互联网企业价值评估研究［D］. 山东大学硕士学位论文, 2013: 68.

［62］毛剑峰, 胡林荣. 基于实物期权理论的并购目标企业估价研究［J］. 财会通讯, 2010（5）: 16-17.

［63］毛剑锋. 资产基础法在企业价值评估中运用的再思考［J］. 中国资产评估, 2014（3）: 21-23.

［64］孟荣芳. 上市公司并购重组商誉减值风险探析［J］. 会计之友, 2017（2）: 86-89.

［65］孟伟等. 我国节能环保产业发展战略研究［J］. 中国工程科学, 2016, 18（4）: 1-8.

［66］穆昕, 王浣尘. 基于实物期权的项目投资管理柔性分析［J］. 数量经济技术研究, 2004（8）: 91-97.

[67] 聂萍. 股票估值模型述评 [J]. 财经理论与实践, 2003 (124): 73-75.

[68] 潘妙丽, 张玮婷. 上市公司并购重组资产评估相关问题研究 [J]. 证券市场导报, 2017 (9): 12-18.

[69] 齐晟. 环保行业之水处理全梳理 [R]. 中泰证券研究所, 2018.

[70] 饶茜, 侯席培. 并购重组业绩承诺与上市公司经营业绩——基于业绩承诺到期视角的分析 [J]. 商业研究, 2017 (4): 89-96.

[71] 上海证券交易所, 中国资产评估协会联合课题组. 上市公司2009年度并购重组资产评估专题分析报告 [J]. 中国资产评估, 2010 (6): 11-20.

[72] 史新浩, 王瑜. 实物期权定价法在企业并购股价中的应用 [J]. 财会月刊, 2007 (27): 54-55.

[73] 宋永胜. 企业投融资决策中实物期权法应用研究 [J]. 经贸实践, 2015 (7): 120.

[74] 孙杨舟. 主成分回归分析在企业价值评估中的运用 [D]. 云南大学硕士学位论文, 2011: 6-22.

[75] 唐兵, 田留文, 曹锦周. 企业并购如何创造价值——基于东航和上航并购重组案例研究 [J]. 管理世界, 2012 (11): 1-8.

[76] 唐宇, 王慧. 实物期权法对并购目标企业价值评估的应用研究 [J]. 科技致富向导, 2013 (24): 420-421.

[77] 王博. 上市公司并购重组突出问题、监管难点及对策研究 [J]. 证券市场导报, 2017 (6): 71-78.

[78] 王晶, 高建设, 宁宣熙. 企业价值评估指标体系的构建及评价方法实证研究 [J]. 管理世界, 2009 (2): 180-181.

[79] 王竞达, 范庆泉. 上市公司并购重组中的业绩承诺及政策影响研究 [J]. 会计研究, 2017 (10): 71-77, 97.

[80] 王竞达, 瞿卫菁. 创业板公司并购价值评估问题研究 [J]. 会计研究, 2012 (10): 44-48.

[81] 王竞达, 刘辰. 上市公司并购价值评估方法选择比较研究 [J]. 财会通讯, 2011, (11): 57-61.

[82] 王梅婷，余航. 国有企业并购重组的趋势、模式和挑战 [J]. 经济学家，2017（8）：5-11.

[83] 王奇超，于志超. 资产评估中实物期权应用的探讨 [J]. 中国资产评估，2012（10）：14-18.

[84] 王宛秋. 企业技术并购协同效应研究 [M]. 北京：经济科学出版社，2014.

[85] 王小荣，张俊瑞. 企业价值评估研究综述 [J]. 经济学动态，2003（7）：61-64.

[86] 邬娜，傅泽强. 基于"微笑曲线"的我国环保产业链优化策略 [J]. 环境与可持续发展，2017（4）：22-25.

[87] 邬娜等. 环保产业链分析与对策建议 [J]. 环境工程技术学报，2018（3）：319-325.

[88] 吴诗怡. 上市公司并购重组中的"市值管理"——基于湘鄂情并购案的研究 [J]. 财会通讯，2017（19）：61-66.

[89] 武艺. 我国环保产业的现状存在的问题及前景展望 [J]. 农业与技术，2013，33（9）：230-231.

[90] 谢欣灵. A股上市公司并购重组过程中的业绩承诺问题研究 [J]. 时代金融，2016（8）：135，149.

[91] 许贸荃. 从价值乘数的驱动因素谈可比公司的选择 [J]. 中国资产评估，2014（8）：28-29.

[92] 杨峰. 公司估值问题——来自实践的挑战 [M]. 北京：中国财政经济出版社，2012：112-115.

[93] 杨建卓，张元贞. 企业并购的财务风险及防范 [J]. 统计与管理，2015（4）：115-116.

[94] 杨柔坚. 股权结构对上市公司并购重组绩效影响的研究——按关联与非关联交易分类 [J]. 审计与经济研究，2016，31（6）：67-76.

[95] 杨屹，殷仲民，杨莎. 并购中基于期权模型的目标企业价值评估 [J]. 西安理工大学学报，2003（3）：284-288.

[96] 于渤，高印朝. 银行股票市场定价与会计信息的价值相关性研究 [J]. 金融研究，2005（6）：67-71.

[97] 余莉,汪俊.资产评估方法的比较及在我国的应用[J].科协论坛,2007(3):53-54.

[98] 岳公侠,李挺伟,韩立英.上市公司并购重组企业价值评估方法选择研究[J].中国资产评估,2011(6):12-17.

[99] 岳修奎,刘灿灿,徐明瑜,刘珺茹.上市公司并购重组中股份定价研究[J].中国资产评估,2018(5):23-32.

[100] 张鼎祖,彭莉.企业价值评估市场法的改进[J].企业管理,2006(5):160-162.

[101] 张海报.真实收益现金流估值模型的理论探析及应用——以万科2014年财务数据为基准[J].财会月刊,2016(10):74-77.

[102] 张凯.后金融危机时代的环保产业[J].环境保护,2014,42(1):29-32.

[103] 张晓慧,孔淑慧.企业价值评估市场法中可比公司选择优化研究——基于主成分分析的视角[J].经济研究参考,2015(72):51-61.

[104] 赵红丽,张刚.供给侧改革背景下的上市公司并购重组研究[J].西南金融,2018(9):1-5.

[105] 赵立新.上市公司并购重组企业价值评估和定价研究[M].北京:中国金融出版社,2011.

[106] 周俊如.企业并购中资产评估相关问题研究[D].山西财经大学硕士学位论文,2013.

[107] 周铭宇,张云平.基于模糊复合实物期权的企业重大持续改进项目估值研究[J].昆明理工大学学报,2014(5):83-89.

[108] 朱军,贾玉.企业价值评估中市场法参数选择研究[J].中国资产评估,2012(8):25-30.

[109] 朱敏.对基于实物期权的水电站PROT项目估值的思考[J].昆明理工大学学报(自然科学版),2014,39(1):110-113.

[110] 朱南军.三种现金流量折现模型估价差异和适用性分析[J].经济评论,2004(3):102-104,118.

[111] 邹国卿.价值评估收益现值法三种模型之比较[J].统计与决策,2009(13):143-146.

后 记

2016年7月至2018年10月，笔者在南昌水业集团从事博士后研究工作，研究课题为"南昌水业集团并购重组问题研究"。当时，南昌水业集团正并购重组环保类企业，成功并购了温州宏泽热电、南昌燃气等，笔者有幸参与了部分并购重组项目的前期尽调工作，通过理论与案例研究，最终形成博士后出站报告，本书正是在博士后出站报告的基础上修改而成的。

改革开放以来，中国经济取得了举世瞩目的成绩，但长期粗放的发展方式使生态环境遭受极大的破坏，环境日趋恶化。进入21世纪以来，整个世界的环保企业继续不断发展，进入了发展的快车道。近年来，节能环保产业并购重组趋于活跃，产业巨头借助资本市场开疆拓土，不断并购其他企业，推动着整个产业加速整合。对于不断发展的资本市场而言，企业的并购重组活动已成为了不可或缺的重要组成部分。估值定价工作作为并购重组活动中的重要环节，不仅能够帮助确定拟收购目标的价值，同时还是一个发现价值的过程，使人们全面地认识目标企业的战略管理意图。对于并购而言，其核心是发现价值和创造价值，估值和定价工作是并购业务的核心要素，并购业务的蓬勃发展又大大推动了估值和定价技术的进步，两者相互依存、互相促进。

本书分析了环保企业的特征，综合运用各种估值方法，并将并购估值与环保企业特点紧密结合，提出了针对环保企业的估值模型修正建议，如调整实物期权估值法以应用于评估环保企业无形资产等，为环保企业在并购估值提供理论指导，有助于环保企业并购重组中合理估值，研究成果是对现有理论的有益补充，同时可以为企业并购决策提供合理参考，提高并购成功率。本书坚持借鉴前人研究成果并积极创新，但仍有一些不足之处，集中体现为目前所能获取的资料及相关数据有限，如对全部环保企业的并购重组项目信息统计不够完整，对深入研究本书的重要内容有一定局限性，导致模型调整的准确性受到影响，相关修正建议的效果仍待实践检验。

笔者从事博士后研究，得到了众多师长、同仁和家人的帮助。首先要感谢博士后合作导师，江西财经大学党委书记王乔教授和南昌水业集团原董事长李钢先生的悉心指导和大力支持。同时感谢洪城水业邓勋元董事会秘书、王剑玉副总、魏锋博士等的大力支持，也感谢江西财经大学胡援成教授和南昌大学黄新建教授、何宜庆教授等对博士后报告开题和结题的专业指导，感谢我的研究生钱诗农、付乔等对本书前期的辛苦付出。还要感谢我的家人，我的父亲吴志荣和母亲兰冬女为培养我呕心沥血、无私奉献，我的爱人肖颖一直支持我的工作，工作之余还承担了大量的家务。最后把本书献给我两个可爱的女儿吴梓涵和吴梓妍，祝她们健康快乐成长。由于笔者水平有限，对环保企业并购重组的估值只进行了初步研究，希望读者多提宝贵修改意见，在此一并致以诚挚谢意。

作者

2019 年 11 月